JOSEF AICHER

Das Eigentum als subjektives Recht

Schriften zur Rechtstheorie

Heft 38

Das Eigentum als subjektives Recht

Zugleich ein Beitrag zur Theorie des subjektiven Rechts

Von

Dr. Josef Aicher

DUNCKER & HUMBLOT / BERLIN

Alle Rechte vorbehalten
© 1975 Duncker & Humblot, Berlin 41
Gedruckt 1975 bei Buchdruckerei Richard Schröter, Berlin 61
Printed in Germany

ISBN 3 428 03289 6

Meiner Frau

zum Dank für Hilfe und Verständnis

gewidmet

Vorwort

Die Arbeit ist ein in sich abgeschlossener Teil meiner Salzburger Habilitationsschrift „Grundfragen der Staatshaftung bei hoheitlichen Eigentumsbeeinträchtigungen".

Mein besonderer Dank gilt meinem Lehrer, Herrn Univ. Prof. Dr. Rolf Ostheim. Er hat mir als seinem Assistenten nicht nur stets genügend Zeit für eigene wissenschaftliche Tätigkeit gelassen, sondern auch die vorliegende Arbeit durch stete Diskussionsbereitschaft erheblich gefördert. Herrn Univ. Prof. Dr. Kurt Ringhofer verdanke ich manche kritische Anregung, die er mir in hilfreichen Gesprächen gegeben hat.

Herrn Ministerialrat a. D. Senator Dr. Johannes Broermann danke ich für die Aufnahme der Untersuchung in die Reihe „Schriften zur Rechtstheorie".

Inhaltsverzeichnis

Erster Teil

Das Eigentum als subjektives Recht

I. Das Problem 13

II. Die Methode 15

III. Die rechtstheoretischen Prämissen 16
    1. Die Normordnung als Verhaltensordnung zwischen Menschen .. 17
    2. Die Ableitung des subjektiven Rechts aus der Rechtsnorm 20

IV. Das subjektive Recht als Reflex der durch die objektive Rechtsordnung normierten Rechtspflicht — *Kelsens* Eigentumslehre 24
    1. Die Lehre *Kelsens* vom subjektiven Recht 24
    2. Die unterschiedliche Struktur des subjektiven Rechts bei *Kelsen* und *Thon* 26
    3. *Kelsens* Eigentumslehre als Ergebnis seiner Theorie vom subjektiven Recht 28

V. Das subjektive Recht als Normsetzungsbefugnis — *Buchers* Eigentumslehre 29
    1. Die Lehre *Buchers* vom subjektiven Recht 29
    2. *Buchers* Eigentumslehre als Ergebnis seiner Theorie vom subjektiven Recht 32

VI. Kritische Analyse der Lehren *Kelsens* und *Buchers* 33
    1. Der wesentliche Unterschied zwischen *Kelsens* und *Buchers* Begriff des subjektiven Rechts 33
    2. Kritische Würdigung der Lehre *Kelsens* 34
        a) Das Mißverständnis der *Kelsen*schen Lehre 34
        b) Die unterschiedliche Stellung der Willensmacht in der Lehre *Kelsens* und *Windscheids* 35
        c) Die Frage nach der Richtigkeit der Prämissen in *Kelsens* Lehre 37
        d) *Buchers* Einwände gegen *Kelsens* Lehre und deren Widerlegung 38
        e) *Adomeits* Einwände gegen *Kelsens* Lehre und deren Widerlegung 40

3. Kritische Würdigung der Lehre *Buchers* 41

VII. Die right-privilege-Struktur des subjektiven Rechts — Zur Doppelstruktur des subjektiven Rechts aus rechtsformaler Sicht 45

    1. Die besondere Bedeutung der right-privilege-Struktur bei dinglichen Rechten 45

    2. Zur Anerkennung des Verfügendürfens als normatives Element des subjektiven Rechts in der neuen Lehre 47

        a) Kritische Würdigung der Lehre *Schmidts* 47

        b) Gibt es „erlaubende Normen"? 51

VIII. Gestaltungsrecht und subjektives Recht — Das Gestaltungsrecht aus normativer Sicht 54

IX. Subjektives Recht und Anspruch 61

X. Das dingliche Recht aus rechtsformaler Sicht 64

    1. Die bisherigen Definitionsversuche des dinglichen Rechts 65

        a) Die Unmittelbarkeit der Sachherrschaft als Merkmal des dinglichen Rechts 65

        b) Die Absolutheit des Klageschutzes als Merkmal des dinglichen Rechts 68

        c) Die güterzuordnende Funktion als wesentliches Merkmal des dinglichen Rechts 73

        d) Die sonstigen Definitionsversuche des dinglichen Rechts 74

    2. Das dingliche Recht aus rechtsformaler Sicht — Ergebnis 76

XI. Das Eigentumsrecht als absolutes Recht 77

Zweiter Teil

Exkurs: Die Eigentumsbeschränkung aus rechtsformaler Sicht

I. Zur normativen Struktur der Eigentumsbeschränkungen 79

    1. Eigentumsbeschränkungen, die anderen Individuen ein ansonsten verbotenes Verhalten erlauben 79

    2. Eigentumsbeschränkungen ohne Erlaubnisfunktion 81

II. Zur Frage der Immanenz der Eigentumsbeschränkungen aus normativer und teleologischer Sicht 82

III. Zum Verhältnis von Eigentumsrecht und Eigentumsbeschränkung .. 83

Literaturverzeichnis 90

Abkürzungsverzeichnis

ABGB	Allgemeines Bürgerliches Gesetzbuch
AcP	Archiv für die civilistische Praxis
AöR	Archiv des öffentlichen Rechts
ArchBürgR	Archiv für das bürgerliche Recht
ARSP	Archiv für Rechts- und Sozialphilosophie
AuR	Arbeit und Recht
BGB	Bürgerliches Gesetzbuch
BStrG	Bundesstraßengesetz (österr.)
DJT	Deutscher Juristentag
FernsprechO	Fernsprechordnung (österr.)
FS	Festschrift
GruchBeitr	Gruchots Beiträge zur Erläuterung des Deutschen Rechts
GrünhutsZ	Zeitschrift für das Privat- und öffentliche Recht der Gegenwart
GS	Gedächtnisschrift
GZ	Allgemeine Österreichische Gerichtszeitung
JBl	Juristische Blätter
JhJb	Jherings Jahrbücher für die Dogmatik des bürgerlichen Rechts
JW	Juristische Wochenschrift
JZ	Deutsche Juristenzeitung
KritVierteljSchr	Kritische Vierteljahresschrift für Gesetzgebung und Rechtswissenschaft
LZ	Leipziger Zeitschrift für Deutsches Recht
m. E.	meines Erachtens
ÖJT	Österreichischer Juristentag
RdA	Recht der Arbeit
RUW	Recht und Wirtschaft
SJZ	Schweizerische Juristenzeitung
StPO	Strafprozeßordnung (österr.)
StVO	Straßenverkehrsordnung (BGBl 1970, I, S. 1565)
SZ	Zeitschrift der Savigny-Stiftung für Rechtsgeschichte
u. U.	unter Umständen
ZAS	Zeitschrift für Arbeits- und Sozialrecht
ZBl	Zentralblatt für die juristische Praxis
ZGB	Schweizerisches Zivilgesetzbuch
ZgesStW	Zeitschrift für die gesamte Staatswissenschaft
ZHR	Zeitschrift für das gesamte Handelsrecht und Konkursrecht
ZöffR	Österreichische Zeitschrift für öffentliches Recht
ZSR	Zeitschrift für Schweizerisches Recht
ZZP	Zeitschrift für Zivilprozeß

Erster Teil

Das Eigentum als subjektives Recht

I. Das Problem

Betrachtet man die Umschreibungen des ABGB und des BGB, mit denen diese Gesetze das Eigentum zu erfassen suchen, stößt man auf zwei wesentliche Elemente: Die Berechtigung des Eigentümers mit der Sache nach Belieben zu verfahren und das Recht, andere von jeder Einwirkung auszuschließen[1]. Obgleich nun alle diese Bestimmungen bei ihrer Umschreibung des Eigentumsrechtes sowohl die Innenseite des Rechtes, also die Verfügungsgewalt über die Sache, als auch die Außenseite, das ist die Ausschlußbefugnis, betonen, halten einige Autoren bei einer formalrechtlichen Betrachtungsweise nur die Ausschlußbefugnis für rechtlich relevant[2]. Nur das Abstellen auf die Ausschlußbefugnis sei normlogisch sinnvoll, während die Sachbeherrschung bloß die faktische Folge der Unterlassungspflicht der übrigen Rechtsgenossen sei[3]. Dafür spricht nun in der Tat, daß die Rechtsordnung als Normordnung durch Sollenssätze das Verhalten von Menschen in ihrer Beziehung zu anderen Menschen regelt[4]. Demnach kann auch — um mit *Kelsen* zu sprechen[5] —

---

[1] § 354 ABGB: „Als ein Recht betrachtet, ist Eigentum das Befugnis, mit der Substanz und den Nutzungen einer Sache nach Willkür zu schalten und jeden anderen davon auszuschließen."
§ 903 BGB: „Der Eigentümer einer Sache kann, soweit nicht das Gesetz oder Rechte Dritter entgegenstehen, mit der Sache nach Belieben verfahren und andere von jeder Einwirkung ausschließen."
Art. 641 ZGB: „Wer Eigentümer einer Sache ist, kann in den Schranken der Rechtsordnung über sie nach seinem Belieben verfügen. Er hat das Recht, sie von jedem, der sie ihm vorenthält, herauszuverlangen und jede ungerechtfertigte Einwirkung abzuwehren."
Art. 544 Code Civile: "La propriété est le droit de jouir et de disposer des choses de la manière la plus absolue, pourvu qu'on fasse pas un usage prohibé par les lois on par les réglements."
Art. 832 Codice Civile: „Il proprietario ha diritto di godere et disporre delle cose in modo pieno ed esclusivo, entro i limiti e con l'osservanza degli obblighi stabiliti dall' ordinamento giuridico."

[2] So schon *Lenel*, Ursprung und Wirkung der Exceptionen (1876), S. 8; *Thon*, Rechtsnorm und subjektives Recht (1878), S. 218, 223, 291; *Schloßmann*, Über den Begriff des Eigentums JhJb. 45 (1903), S. 289 (325, 327); *Darmstädter*, Der Eigentumsbegriff des bürgerlichen Gesetzbuches AcP 151 (1950/1951), S. 311 (337, 338); *Kelsen*, Reine Rechtslehre² (1960), S. 137; *Bucher*, Das subjektive Recht als Normsetzungsbefugnis (1965), S. 38, 152, 153; *Meier-Hayoz*, Berner Kommentar zum schweizerischen Privatrecht, IV, Das Sachenrecht⁴, 1. Abt., S. 71.

[3] *Bucher*, Normsetzungsbefugnis, S. 153.

[4] *Kelsen*, Reine Rechtslehre², S. 25, 33.

[5] *Kelsen*, Reine Rechtslehre², S. 136.

„das Eigentum rechtlich nur in einem bestimmten Verhältnis eines Menschen zu anderen Menschen bestehen, nämlich in der Pflicht, jenen in seiner Verfügung über die Sache nicht zu behindern". Die Sachherrschaft ist rechtlich nur ein Reflex des Ausschlusses des anderen.

Immerhin könnte gegen diese Ansicht geltend gemacht werden, daß alle angeführten Rechtsordnungen das Verfügendürfen über die Sache und die Ausschlußbefugnis in die Umschreibung des Eigentums aufgenommen haben, so daß deshalb neben dem Ausschlußrecht auch die Sachherrschaft als für den Kern der Sache wesentlich angesehen werden könnte. Muß doch auch *Bucher* zugeben, daß einer Person das Eigentumsrecht verliehen wird, um ihr die Herrschaft über einen bestimmten Sachbereich einzuräumen, „während die Verpflichtung aller übrigen Rechtsgenossen, nicht auf diesen Bereich einzuwirken, nur die notwendige Konsequenz dieser gesetzgeberischen Absicht ist"[6].

In der Tat hat auch in jüngster Zeit Jürgen *Schmidt*[7] die Ansicht vertreten, daß auch das Verfügendürfen zum normativen Gehalt des subjektiven Rechtes gehört, woraus für das Eigentum als Konsequenz folgen würde, daß neben der Ausschlußbefugnis auch die Sachherrschaft ein normatives Charakteristikum des Eigentumsrechts wäre.

Überdies fehlt es nicht an Stimmen, die überhaupt die Sachherrschaft — weil diese Grund für die Zuordnung von Eigentum ist — für das Wesentliche des Eigentumsrechts halten[8].

Die Frage, ob das Eigentumsrecht nur als Ausschlußrecht zu deuten sei oder ob die Befugnis des Eigentümers, mit der Sache nach Belieben zu verfahren, ebenfalls zum wesentlichen Inhalt des Eigentumsrechtes gehört, steht im engen Konnex mit der Frage nach der Struktur des subjektiven Rechts. Ob sich das subjektive Recht darin erschöpft, anderen Personen ein Verhalten zu gebieten und zu verbieten oder ob durch das subjektive Recht auch dem Berechtigten ein Verhalten erlaubt wird, ist in der Theorie des subjektiven Rechts freilich umstritten.

Deshalb muß auch im Rahmen unserer Untersuchung der Frage nach der Struktur des subjektiven Rechtes nachgegangen werden. Denn die Frage nach den Begriffsmerkmalen des Eigentums läßt sich nicht von der Frage nach der Struktur des subjektiven Rechts trennen, zumal gerade das Eigentum als der Prototyp des subjektiven Rechts überhaupt erscheint.

---
[6] *Bucher*, Normsetzungsbefugnis, S. 153.
[7] *Schmidt*, Aktionsberechtigung und Vermögensberechtigung (1969).
[8] So schon *Jhering*, Passive Wirkungen der Rechte, JhJb. 10 (1871), S. 387 (392, 393); *Zitelmann*, Begriff und Wesen der sogenannten juristischen Person (1873), S. 50, 62; *Dernburg*, Pandekten I[6] (1900), S. 47 FN 5; *Kohler*, Recht und Prozeß, GrünhutsZ 14, 1 ff.; aus der neueren Literatur vgl. etwa *Wolff/ Raiser*, Sachenrecht[10], S. 174; *Seufert*, in: Staudingers Kommentar zum BGB III[11]/1, Vorbem. zu § 903, Anm. 3; *Westermann*, Sachenrecht[5] (1966), S. 114; *Koziol*, JBl. 1966, S. 278 (279).

II. Die Methode

Es ist das Verdienst *Buchers*[1], dargelegt zu haben, daß die Diskussion um die wesentlichen Begriffsmerkmale des Eigentumsrechts durch einen unheilvollen Methodensynkretismus belastet ist. Bei vielen Autoren[2], die das „Wesen" des Eigentums zu bestimmen suchen, wird nicht mit hinreichender Deutlichkeit klar, ob sie das Eigentum als Rechtsformbegriff oder als Rechtsinhaltsbegriff erfassen wollen, ob sie sich um eine Nominaldefinition oder eine Realdefinition des Eigentums bemühen und ob sie das Eigentum unter einem normativen oder teleologischen Gesichtspunkt betrachten[3].

Um derartige Unsicherheiten für diese Untersuchung auszuschließen, soll eingangs die methodische Grundposition klargelegt werden.

Gegenstand der Untersuchung sind das Eigentum und das subjektive Recht als Rechtsformbegriffe[4].

Aus dieser Festlegung folgt, daß es hier nicht um die Bestimmung des Rechtsinhaltsbegriffes[5] „Eigentum" geht, also nicht um die Analyse der eigentumsrelevanten Bestimmungen einer bestimmten Rechtsordnung und ebensowenig wird das subjektive Recht in Beziehung zu einer konkreten Norm[6], also rechtsinhaltlich untersucht. Vielmehr wird das Eigentum bzw. das subjektive Recht in einer wertfreien, von den Eigenheiten einer bestimmten Rechtsordnung abstrahierenden Betrachtungsweise auf Begriffsmerkmale hin untersucht, die insofern allgemein gültig sind, als sich diese Merkmale in jeder Rechtsordnung finden, sofern eine bestimmte Rechtsordnung das betreffende Rechtsinstitut überhaupt kennt[7].

---

[1] *Bucher*, Normsetzungsbefugnis, S. 151 ff., 160 ff.; *Bucher*, Traditionale und analytische Betrachtungsweise im Privatrecht, Rechtstheorie 1970, S. 23 (32, 34).

[2] Vgl. etwa *Wolff/Raiser*, Sachenrecht[10] (1957), S. 174; *Meier-Hayoz*, Vom Wesen des Eigentums, FS Oftinger (1969), S. 171 ff.

[3] Die Diskussion um das „Wesen des Eigentums" ist eine deutliche Bestätigung *Scheuerles* These, daß das „Wesensargument" als Kryptoargument gegen die Forderung der methodischen Offenheit verstößt (AcP 163 [1964], S. 429 ff.).

[4] Vgl. zu Wert und Funktion einer rechtsformalen Betrachtung eines Rechtsinstitutes *Bucher*, Normsetzungsbefugnis, S. 38 ff.

[5] Der Rechtsinhaltsbegriff Eigentum ist in enger Bindung an die positive Rechtsordnung zu bilden. In ihm ist der rechtliche Gehalt zum Ausdruck zu bringen, den der Gesetzgeber dem Institut des Eigentumsrechtes beigelegt hat. Vom Rechtsformbegriff unterscheidet er sich vor allem dadurch, daß es bei seiner Bildung nicht nur auf die „logische Richtigkeit" ankommt, sondern daß vor allem die „Sachgerechtigkeit" im Sinne einer „Ausrichtung auf das Objekt der Betrachtung" im Vordergrund steht. Die rechtsinhaltliche Begriffsbildung erfolgt durch die Rechtsdogmatik mittels Auslegung des in Frage kommenden Normenbestandes.

[6] Etwa die Bedeutung des Begriffes „Recht" im Rechtsmißbrauchstatbestand des § 1295 Abs. 2 ABGB.

[7] Eine Untersuchung aus diesem Blickwinkel ist Gegenstand der allgemeinen Rechtslehre.

Es ist die Aufgabe des Rechts, bestimmte soziale Ordnungsverhältnisse zu verwirklichen[8]. In Erfüllung dieser Aufgabe weist das Recht dem einzelnen bestimmte Rechtspositionen zu. Der Begriff des Eigentums in einer bestimmten Rechtsordnung und der des subjektiven Rechts hinsichtlich eines bestimmten Normengefüges, in dem er verwendet wird, ist deshalb von dem rechtspolitischen Zweck geprägt, der mit dem fraglichen Normenbereich verfolgt wird. Dem Grund solcher Zuweisungen und den damit verfolgten Zwecken hat eine rechts*teleologische* Untersuchung nachzugehen. Der Zweck, den das Recht mit der Zuweisung bestimmter Rechtspositionen und deren Ausgestaltung verfolgt, kann nun freilich in den einzelnen Rechtsordnungen bedingt durch unterschiedliche Wertvorstellungen verschieden sein. Deshalb darf eine rechtsinhaltliche Erfassung eines Rechtsinstitutes auf eine teleologische Betrachtungsweise nicht verzichten. Daraus ergibt sich auch, daß eine teleologische Betrachtung nicht wertfrei erfolgen kann. Einer rechtsformalen und damit wertfreien Erfassung eines Rechtsinstitutes kann deshalb die teleologische Methode nicht entsprechen. Eine rechtsformale Untersuchung kann deshalb nur mit Hilfe einer *normativen* (normlogischen) Methode erfolgen, die die technische Seite, also die Form des Schutzes einer bestimmten zugewiesenen Rechtsposition erfaßt. Eine *normative* Untersuchung fragt nicht nach dem Zweck und der inhaltlichen Ausgestaltung des rechtlich Geschützten, sondern nach der Form, dem „Wie" des Schutzes.

Entscheidet man sich für eine *normative* Methode, können Definitionen des Eigentums und des subjektiven Rechts, die von einem anderen Blickwinkel aus gebildet wurden, nicht als richtig oder falsch qualifiziert werden. Gleichwohl wird eine Grenzziehung möglich sein, indem angegeben wird, ob das eine oder andere in eine Definition aufgenommene Begriffsmerkmal einen normativen oder teleologischen Aspekt der betreffenden Rechtsfigur betrifft[9].

III. Die rechtstheoretischen Prämissen

Das Postulat der Methodenreinheit ist keineswegs Selbstzweck. Indem der Verfasser die Methode angibt, die er der Untersuchung einer bestimmten Rechtsfigur zugrundelegt, legt er auch die Prämissen klar, auf denen die von ihm entwickelte Theorie beruht.

---

[8] *Bucher*, Normsetzungsbefugnis, S. 64.
[9] Die scharfe Trennung zwischen dem normativen und dem teleologischen Aspekt übernimmt die vorliegende Untersuchung von *Bucher*. Gleichwohl wird sich der hier entwickelte Begriff des subjektiven Rechts von dem *Buchers* unterscheiden. Insofern ist die Untersuchung eine systemimmanente Kritik an der Lehre *Buchers*.

III. Die rechtstheoretischen Prämissen

Eine normative Analyse impliziert die Anerkennung gewisser rechtstheoretischer Grundpositionen, die im folgenden kurz zu skizzieren sind.

1. Die Normordnung als Verhaltensordnung zwischen Menschen

Recht im objektiven Sinn ist ein Gefüge von Normen. Die Norm ist ein Sollenssatz, der menschliches Verhalten regelt[1]. Aus diesen Sollenssätzen, die ihrem Sinn nach Imperative, Erlaubnisse und Ermächtigungen sind[2], ergeben sich für die Normunterworfenen Rechte und Pflich-

---

[1] *Kelsen*, Reine Rechtslehre[2], S. 32.
[2] *Kelsen* (Reine Rechtslehre[2], S. 73; alle weiteren Zitate mit bloßer Seitenangabe aus diesem Werk) unterscheidet das von der Rechtswissenschaft zu Beschreibende, die Rechtsnorm, vom Rechtssatz, der Aussage über eine Rechtsnorm (anders freilich noch *Kelsen*, Hauptprobleme[2], S. 189 ff., wo er diese Unterscheidung noch nicht trifft). Nach *Kelsen* ist der Rechtssatz ein hypothetisches Urteil, eine Aussage, über den Inhalt des Sollens. Hypothetische Urteile sagen aus, daß in einer bestimmten Rechtsordnung unter gewissen, von dieser statuierten Bedingungen gewisse von dieser Rechtsordnung bestimmte Folgen eintreten sollen. Rechtsnormen sind keine Aussagen über einen der Erkenntnis gegebenen Gegenstand (73). Sie sind ihrem Sinn nach Gebote und als solche Befehle, Imperative, aber auch Erlaubnisse und Ermächtigungen (so auch *Kelsen*, Zum Begriff der Norm, FS Nipperdey I (1965), S. 57 ff. [57]). Die Rechtsnormen gebieten nach *Kelsen* ein bestimmtes menschliches Verhalten, indem sie an das entgegengesetzte Verhalten einen Zwangsakt knüpfen, der gegen den sich so verhaltenden Menschen gerichtet ist. Das heißt: daß sie ein bestimmtes Individuum ermächtigen, gegen ein anderes Individuum einen Zwangsakt als Sanktion zu richten (35). Daraus hat *Larenz* (Methodenlehre der Rechtswissenschaft[2] [1969], S. 79) abgeleitet, daß für *Kelsen* Rechtsnormen weniger Gebote und Verbote, als Ermächtigungen sind. Dem kann m. E. nicht zugestimmt werden.
Die Rechtsordnung verbietet ein bestimmtes Verhalten, indem sie an dieses Verhalten eine Sanktion knüpft, oder sie gebietet ein bestimmtes Verhalten, indem sie an das gegenteilige Verhalten eine Sanktion knüpft. Verletzt nun eine Person eine Norm, so ist damit *eine* Bedingung für die Verhängung der Sanktion erfüllt. Aber diese Sanktion könnte nicht verhängt werden, wenn nicht eine andere — wie *Kelsen* selbst sagt — unselbständige Norm bestimmte, wer die Sanktion zu verhängen und in welcher Art und Weise dies zu geschehen hat. Durch solche Normen wird ein Individuum *ermächtigt*, bei gebotsoder verbotswidrigem Verhalten eine Sanktion zu verhängen. Unselbständig sind diese Normen deshalb, da sie nur eine weitere Bedingung für die Verhängung angeben, an die in einer selbständigen Norm der Zwangsakt geknüpft ist. Demnach sind selbständige Normen diejenigen, die insofern gebieten oder verbieten, als sie an das gegenteilige Verhalten eine Sanktion knüpfen, während *Ermächtigungsnormen* unselbständige Normen darstellen.
Auch positiv erlaubende Normen sind nach *Kelsen* keine selbständigen Normen, da sie den Geltungsbereich einer verbietenden selbständigen Norm einschränken und deshalb ohne die eingeschränkte Norm nicht zu verstehen sind.
Dennoch ist auch eine unselbständige Norm, obwohl sie keinen Zwangsakt statuiert, *Norm*, weil sie mit einer zwangsbewehrten Norm in wesentlicher Verbindung steht (51). Deshalb kann *Kelsen* auch mit vollem Recht sagen, daß Normen Gebote und Verbote, aber auch Erlaubnisse und Ermächtigungen sind.
Rechtsnormen beruhen nun — sieht man von der Grundnorm ab — nicht wie die Rechtssätze auf einem Denkakt, sondern auf einem Willensakt der recht-

ten. Zunächst entstehen durch Sollensanordnungen Pflichten der Rechtsunterworfenen[3], denn „jedes Sollen setzt Pflicht"[4].

Aus der Tatsache, daß die Rechtsordnung als *Gesellschaftsordnung* eine *Pflichtordnung*[5] ist, erklärt sich *Kelsens*[6] These, daß die Rechtsordnung das Verhalten eines Menschen nur insoweit regelt, als es sich unmittelbar oder mittelbar auf einen anderen Menschen bezieht. Selbstverständlich ist dabei, daß die Rechtsordnung nur *menschliches* Verhalten regelt. Sollenssätze werden zu dem Zweck statuiert, daß der gesollte und damit als ein von der rechtsetzenden Autorität gewollter Sachverhalt eintritt. Da einzig Menschen durch die Einsicht in Sollensinhalte

---

setzenden Autorität in Verbindung mit einer höheren Norm, die den normsetzenden Akt als einen solchen legitimiert. Deshalb sind Rechtsnormen Gedankeninhalte, die besagen, welche Sachverhalte die rechtsetzende Autorität als denkendes Rechtssubjekt herbeiwünscht (*Bucher*, Normsetzungsbefugnis, S. 44). Daraus ergibt sich auch, daß Normen die gleiche logische Struktur aufweisen, wie menschliche Willensinhalte. Wenn A von B will, daß B dieses oder jenes tut, dann will A, daß sich B in dieser oder jener Weise verhalten soll. Das Wollen des A hat dieselbe logische Struktur wie das Wollen der rechtsetzenden Autorität. Das Wollen des A ist — wie *Kelsen* sagt — Norm im subjektiven Sinn (7). Vom Wollen der rechtsetzenden Autorität unterscheidet sich die „Norm im subjektiven Sinn" dadurch, daß der Normsetzer A nicht durch eine höherrangige Norm zu diesem Wollen ermächtigt ist. Ist der Wollende durch eine höherrangige Norm ermächtigt etwas zu wollen, das ein anderes Individuum soll, so liegt in der Sollensanordnung eine Norm im objektiven Sinn, eine „geltende" den Adressaten bindende Norm. Die jeweils rechtsetzende Autorität muß, damit ihr Willensakt den Sinn einer Norm hat, von einer höherrangigen Norm legitimiert sein. Daß das in einem Vertrag gewünschte Sollen der Vertragspartner Norm im objektiven Sinn, also für die Vertragspartner verbindlich ist, ergibt sich daraus, daß das ranghöhere Gesetz dem Willensakt der Vertragspartner diesen objektiven Sinn verleiht, indem es die Setzung des rechtsgeschäftlichen Tatbestandes zusammen mit dem rechtsgeschäftswidrigen Verhalten zur Bedingung einer Zivilsanktion macht (261). Der Gesetzgebungsakt erhält diesen objektiven Sinn wiederum durch die Verfassung. Der verfassungsgebende Akt erhält den objektiven Sinn letztlich durch die Grundnorm, wenn vorausgesetzt wird, daß man sich so verhalten soll, wie es der Verfassungsgeber vorschreibt (8).

[3] *Kelsen*, Reine Rechtslehre², S. 132 - 134; auch H. J. *Wolff*, Verwaltungsrecht I⁸ (1971), S. 288.
[4] *Rehfeldt*, Einführung in die Rechtswissenschaft (1962), S. 57; *Kelsen*, Reine Rechtslehre², S. 120 f.; *Bucher*, Normsetzungsbefugnis, S. 46.
[5] Ob aus dem Primat der Pflicht abgeleitet werden kann, daß das „Recht" des Individuums als bloßer Reflex einer Rechtspflicht für die wissenschaftliche exakte Beschreibung des rechtlichen Sachverhaltes überflüssig ist (*Kelsen*, Reine Rechtslehre², S. 133) hat *Bucher* (Normsetzungsbefugnis, S. 63 - 65) bezweifelt. Eine solche Ansicht wäre mit Sicherheit dann gerechtfertigt, wenn die durch die objektiven Sollenssätze statuierten Pflichten vom Willen des Berechtigten unabhängig wären. Daß dem gerade im Privatrecht nicht immer so ist, sondern daß vielmehr der Wille des Berechtigten in entscheidendem Maße bestimmt, wie sich der Vertragspartner verhalten soll, ist zwar kaum bestreitbar. Ob dadurch allerdings ein anderes Verständnis des Verhältnisses von Recht und Pflicht nahegelegt wird, kann nicht hier im Rahmen der „Prämissen", sondern erst in der Auseinandersetzung mit *Kelsens* Auffassung vom subjektiven Recht erörtert werden (siehe unten unter VI, 2).
[6] *Kelsen*, Reine Rechtslehre², S. 25, 33.

III. Die rechtstheoretischen Prämissen

in ihrem Verhalten beeinflußbar sind, können Normen nicht Zustände der unbeseelten Kreatur, sondern nur menschliches Verhalten betreffen[7]. Schwerer verständlich ist freilich, daß die Rechtsordnung das Verhalten eines Menschen nur insoweit regeln soll, als es sich auf einen anderen Menschen bezieht. Einleuchtend ist dies noch bei der individuellen Beziehung eines Menschen gegenüber einem anderen: So regelt z. B. die Norm, die den Schuldner verpflichtet, dem Gläubiger zu leisten oder die Norm, die alle Menschen verpflichtet, das Eigentum eines anderen zu respektieren, sicherlich ein Verhalten der Menschen zueinander. Wie verhält es sich aber mit Normen, die ein Verhalten des Menschen gegenüber leblosen Gegenständen gebieten? (So z. B. die Norm, die gebietet, daß historisch wertvolle Kunstdenkmäler instandgehalten werden müssen). Aber auch solche Normen regeln letztlich das Verhalten von Menschen gegenüber Menschen. Nur hat diese Regelung nicht individuellen, sondern kollektiven Charakter. Dieses Verhalten, das der Mensch anscheinend gegenüber leblosen Gegenständen an den Tag legen soll, ist in Wahrheit ein Verhalten gegenüber der Rechtsgemeinschaft, da die Rechtsordnung ein bestimmtes Verhalten letztlich deshalb gebietet, weil sie es für die Rechtsgemeinschaft der Menschen als wertvoll ansieht[8].

Freilich nimmt die traditionelle Rechtslehre gerade beim Eigentumsrecht an, daß das Recht auch das Verhalten von Menschen in ihrer Beziehung zu Sachen regelt[9].

Allerdings geht auch die traditionelle Jurisprudenz davon aus, daß „die Geltungsinhalte der Rechtssätze, wie immer sie auch lauten mögen" letzlich darauf abzielen, „das Verhalten im sozialen Raum zu lenken"[10]. Auch *Larenz*[11] anerkennt, daß jede Rechtsnorm eine Geltungsanordnung enthalte. Das heißt: „Er (sc. der Rechtssatz) begründet vermöge der rechtlichen Autorität des Normsetzers Rechtsfolgen, die innerhalb dieser Rechtsgemeinschaft als für die rechtlichen Beziehungen *des einzelnen (zueinander oder innerhalb bestimmter Gemeinschaften) maßgeblich* betrachtet werden"[12].

---

[7] *Bucher*, Normsetzungsbefugnis, S. 45.
[8] *Kelsen*, Reine Rechtslehre², S. 34.
[9] *Radbruch*, Rechtsphilosophie⁶ (1963), S. 234; *Henkel*, Einführung in die Rechtsphilosophie (1964), S. 68; *Larenz*, Methodenlehre², S. 485.
[10] *Henkel*, Einführung, S. 68.
[11] *Larenz*, Methodenlehre², S. 187.
[12] Sperrungen vom Verfasser.
Auch *Raiser* (Wolff/Raiser, Sachenrecht¹⁰, S. 174) ist zu den Autoren zu zählen, die beim Eigentum von der Annahme ausgehen, das Recht regle auch die Beziehungen der Menschen zu Sachen (im Anschluß an *Lawson*, Rights and other relations in rem, FS f. Martin Wolff [1952], S. 103 ff.). Gleichwohl betont auch er, daß diese Beziehung „eingebettet in die Rechtsgemeinschaft zu denken ist" (!?).
(Vgl. dazu auch *Engisch*, Einführung in das juristische Denken⁴ [1968], S. 43).

2. Die Ableitung des subjektiven Rechts aus der Rechtsnorm

Eine normative Untersuchung versucht eine Rechtsfigur aus der Struktur der Norm zu erklären. Deshalb kann sie auch das subjektive Recht nicht als eine von der objektiven Normordnung unabhängige Gegebenheiten ansehen, die dieser neben — oder gar übergeordnet ist[13]. Das subjektive Recht wird von der objektiven Normordnung verliehen[14]. Es unterscheidet sich nicht wesensmäßig[15] von dieser, denn objektive Normen haben als Willensinhalte[16] die gleiche logische Struktur wie menschliche Willensinhalte[17], die die Rechtsordnung bei Gewährung subjektiver Rechte mit normativer Geltung ausstattet[18]. Damit wird die naturrechtliche Auffassung vom subjektiven Recht abgelehnt, die am klarsten bei *Dernburg*[19] formuliert ist: „Rechte im subjektiven Sinn bestanden geschichtlich schon lange, ehe sich eine selbstbewußte staatliche Ordnung ausbildete. Sie gründeten sich in der Persönlichkeit des einzelnen und in der Achtung, welche sie für ihre Person und ihre Güter zu erzwingen wußten. Erst durch Abstraktion mußte man allmählich aus der Anschauung der vorhandenen subjektiven Rechte den Begriff der Rechtsordnung gewinnen."

Geht man davon aus, daß dem einzelnen im Wege normativer Anordnung durch die Einräumung eines subjektiven Rechtes eine Vorzugsstellung[20], ein Freiheitsbereich oder mit *Larenz*[21] ein der Person zur Daseinsgestaltung zur Verfügung stehender, von ihr genutzter und ge-

---

[13] *Bucher*, Normsetzungsbefugnis, S. 14; *Kelsen*, Reine Rechtslehre², S. 133, 134.
[14] Freilich bezweifelt *Dürig* (Das Eigentum als Menschenrecht, ZgesStW 1953, S. 326), daß das subjektive Recht durch den Staat gewährt wird. Der Staat schaffe das subjektive Recht nicht, sondern er gewährleiste es nur, soweit das betreffende subjektive Recht ein „vorgegebenes" Menschenrecht sei. Allerdings übersieht *Dürig* dabei, daß auch die Anerkennung eines „vorgegebenen" subjektiven Rechts nur dadurch erfolgen kann, daß der Staat eine bestimmte Rechtsposition des einzelnen durch normative Anordnungen gegenüber den übrigen Rechtsgenossen schützt.
[15] So aber *Jhering*, Geist des Römischen Rechts (cit. nach 8. Aufl. 1954) III/1, S. 339, der das subjektive Recht insofern als etwas vom objektiven Recht Wesensverschiedenes betrachtet, als er im Rechtssatz das formale Element — den Rechtsschutz — im subjektiven Recht das materiale Element — das geschützte Interesse — erblickt.
[16] *Kelsen*, Reine Rechtslehre², S. 4.
[17] Siehe dazu III, FN 2 (Ende).
[18] *Kelsen*, Reine Rechtslehre², S. 4; *Bucher*, Normsetzungsbefugnis, S. 45.
[19] *Dernburg*, System des Römischen Rechts I, S. 65; vgl. zur Lehre *Dernburgs* in Pandekten I⁵ (1896), S. 88 *Zitelmann*, Internationales Privatrecht I (1897), S. 56 - 59; wie *Dernburg*, schon *Lenz*, Das Recht des Besitzes und seine Grundlagen (1860), S. 5, 20, 21; naturrechtlich orientiert auch die Lehren von *Laband*, Das Staatsrecht des Deutschen Reiches I⁴ (1908), S. 100; *Lasson*, System der Rechtsphilosophie (1882), S. 208 FN 2; gegen eine naturrechtliche Auffassung vom subjektiven Recht insb. *Kelsen*, Allgemeine Staatslehre, S. 59, 60.
[20] *Meier-Hayoz*, Berner Kommentar IV⁴, S. 70.
[21] *Larenz*, Methodenlehre², S. 485.

III. Die rechtstheoretischen Prämissen

stalteter Gegenstandsbereich gesichert wird und daß mit einer rechtsformalen Untersuchung die Erfassung des subjektiven Rechtes nur durch die ein subjektives Recht bedingenden normativen Aussagen erfolgen kann, muß man sich darüber im klaren sein, daß man mit dieser Sicht nur die rechtstechnische Seite des subjektiven Rechts erfaßt. Aber auch nur diese ist Erkenntnisgegenstand einer rechtsformalen Betrachtung. Eine formale Theorie des subjektiven Rechts setzt voraus, daß der Gesetzgeber bereits eine bestimmte Rechtsposition als schützenswert anerkannt hat. Sie fragt nur nach dem „wie" des Schutzes, gibt Antwort nur auf die Frage nach der Form des Schutzes als Bestandteil des subjektiven Rechts, nicht auf die Frage nach dem Geschützten[22]. Freilich wäre es verfehlt, anzunehmen, daß aus der Klärung der Frage, wie die Verleihung eines subjektiven Rechts erfolgt, nicht darauf geschlossen werden könnte, wann nun im Einzelfall ein subjektives Recht vorliegt. Wenn nämlich die Rechtsordnung die Verletzung der Rechtsposition des einzelnen als Unrecht qualifiziert, das heißt, wenn auf Grund des Verhaltens des Störers eine Unrechtsfolge eintritt, deren Geltendmachung in irgend einer Form von der Aktivität des Berechtigten abhängt, kann auf ein rechtlich schutzwürdiges Interesse geschlossen werden, zu dessen Schutz die Rechtsordnung ein subjektives Recht gewährt[23]. Wenn

---

[22] *Kelsen*, Reine Rechtslehre², S. 138.
[23] Deshalb kann das rechtlich geschützte Interesse nicht das subjektive Recht selbst sein, sondern nur das Geschützte, das durch die Verleihung des subjektiven Rechts geschützt wird; anders freilich *Jhering*, Geist III/1⁸, S. 339 - 341; *Bähr*, Rechtsstaat (1864), S. 52, FN 11; *Kohler*, Das Autorrecht JhJb 18 (1880), S. 129 (186).
Vgl. die überzeugende Widerlegung der Interessentheorie sowohl vom normloglischen als auch von einem der Interessentheorie immanenten Standpunkt bei *Kelsen*, Allgemeine Staatslehre (1925), S. 55, 56; *Kelsen*, Hauptprobleme², S. 571 - 584; *Kelsen*, Reine Rechtslehre², S. 137 - 139; aber auch *Thon*, Rechtsnorm, S. 219; *Oertmann*, Der Dinglichkeitsbegriff JhJb 31 (1892), S. 439 - 443; A. v. *Tuhr*, Der Allgemeine Teil des Deutschen Bürgerlichen Rechts (1910), S. 54 - 61; *Nawiasky*, Allgemeine Rechtslehre² (1948), der *Jhering* und den Kombinationstheoretikern (siehe dazu gleich unten) scharfsinnig vorhält, sie beschreiben durch ihre Definition nicht das subjektive Recht, sondern seine Wirkung auf die Lage des Berechtigten, also einen sozialen und nicht einen juristischen Tatbestand. Es ist zu bemerken, daß *Jhering* selbst eines formalen Elements bedarf, um den Schutz, den das objektive Recht ohne Gewährung eines subjektiven Rechts statuiert, also die bloße Reflexwirkung des objektiven Rechts vom subjektiven Recht zu trennen. „Ich erblicke", sagt *Jhering* selbst (Geist III/1⁸, S. 42), „das unterscheidende Merkmal in der Möglichkeit der Konstatierung einer individuellen Rechtsverletzung." Das unterscheidende Kriterium ist somit letztlich auch bei *Jhering* die Klage.
Mit dem gleichen methodischen Fehler, das Zweckelement in die Definition des subjektiven Rechts aufzunehmen, sind auch die Kombinationstheorien belastet, die sowohl das Willensmoment — im Sinne der im gegebenen Zusammenhang (VI, 2, b) zu besprechenden Willenstheorie *Windscheids* (*Windscheid/Kipp*, Lehrbuch des Pandektenrechts I⁹ [1906], S. 155 - 165) — als auch das Interesse als wesentlich für den Begriff des subjektiven Rechts auffassen; so schon *Bekker*, System des heutigen Pandektenrechts I (1886), Beilage I zu § 18; *Bernatzik*, Kritische Studien über den Begriff der juristischen Person und

Kasper[24] gegen eine rechtsformale Erfassung des subjektiven Rechts[25] einwendet, sie alleine könne nicht angeben, *wann* nun im Einzelfall ein subjektives Recht besteht, weil die Berufung des Berechtigten zur Geltendmachung der Unrechtsfolge normalerweise nicht ausdrücklich und präzis geregelt sei, so daß man wiederum genötigt ist „zu fragen, wann dem einzelnen wohl nach dem Sinn und Zweck einer Norm aufgrund seiner tangierten Interessen, im Gesamtrahmen der Rechtsordnung und der ihm gewährten Stellung ... eine solche Ermächtigung zukomme", so mag dieser Einwand durchaus richtig sein. Er kann aber die rechtsformale Theorie des subjektiven Rechts schon deshalb nicht treffen, weil es gar nicht ihre Aufgabe ist, zu klären, ob der Gesetzgeber ein bestimmtes Interesse einer Person für schutzwürdig hält. Das kann freilich nur durch Auslegung der die Interessen einer bestimmten Person betreffenden Normen nach deren Sinn und Zweck geklärt werden. Ist klargestellt, daß eine Norm dem Interesse einer bestimmten Person dient[26], so muß gefragt werden, *wie* die Rechtsordnung das betreffende Interesse schützt, d. h., welcher Technik sie sich dabei bedient. Nur auf diese Frage gibt die rechtsformale Theorie des subjektiven Rechts Antwort[27]. Die Aussage

---

über die juristische Persönlichkeit der Behörden insbesondere AöR 5 (1890), S. 169 (263); *Regelsberger*, Pandekten I (1893), S. 76; A. *Merkel*, Juristische Encyklopädie³ (1904), S. 74; G. *Jellinek*, System der subjektiven öffentlichen Rechte² (1905), S. 44; neuerdings auch *Lehmann/Hübner*, Allgemeiner Teil des Bürgerlichen Gesetzbuches¹⁶ (1966), S. 81. Diesen Fehler begehen aber *Enneccerus/Nipperdey* nicht (Allgemeiner Teil des Bürgerlichen Rechts 1. Halbb.¹⁵ [1959], S. 427 f.), wenngleich ihre Definition des subjektiven Rechts stark an die Kombinationstheorie erinnert: „Das subjektive Recht ist begrifflich eine Rechtsmacht, die dem Einzelnen durch die Rechtsordnung verliehen ist, seinem Zweck nach ein Mittel zur Befriedigung menschlicher Interessen." Hier wird der *Begriff* des subjektiven Rechts, für den die von der Rechtsordnung verliehene Willensmacht entscheidend ist, deutlich vom Zweck der Einräumung der Willensmacht unterschieden (vgl. allerdings die größtenteils zutreffende Kritik am Willenselement in der Definition von *Enneccerus/Nipperdey* bei *Kasper*, Das subjektive Recht, S. 8 - 11). Inkonsequent auch *Hofmann*, Subjektives Recht und Wirtschaftsordnung (1968), S. 4, der im subjektiven Recht eine formale Kategorie sieht, jedoch in den Begriff des subjektiven Rechts das Zweckelement hereinnimmt.

[24] *Kasper*, Das subjektive Recht, S. 143.
[25] Insbesondere gegen *Kelsens* Theorie des subjektiven Rechts.
[26] Ob der Gesetzgeber ein bestimmtes Interesse für schutzwürdig hält, kann und soll auch nicht wertfrei beantwortet werden. Bei der Auslegung der das Interesse einer bestimmten Person betreffenden Normen muß unter Einschluß teleologischer Überlegungen gefragt werden, warum der Gesetzgeber das eine oder andere Interesse einer Person für so schutzwürdig hält, daß er zu dessen Schutz ein subjektives Recht normiert und ob eine solche schützenswerte Position auch in dem betreffenden Fall vorliegt. Vgl. dazu *Ringhofer*, Strukturprobleme des Rechts (1966), S. 47 - 83 (insb. S. 62 - 80).
[27] Daß die rechtsformale Theorie nicht angeben könne, ob der Gesetzgeber ein bestimmtes Interesse für schutzwürdig hält, stellt demnach entgegen der Ansicht von *Kasper* nicht „ein Loch im logischen System *Kelsens* dar, durch welches eine Menge metajuristischer Gedanken, Erwägungen, Wertungen und Stellungnahmen in sein System hineinquellen". Vielmehr verkennt *Kasper* die Funktion der rechtsformalen Theorie des subjektiven Rechts.

III. Die rechtstheoretischen Prämissen

Richtig ist, daß eine formale Theorie des subjektiven Rechts nicht angeben kann, *warum* es *überhaupt* subjektive Rechte gibt. Diese Frage ist freilich für eine rechtsformale Betrachtung bedeutungslos. Daß das Abstellen auf den Zweck der Gewährung subjektiver Rechte für die begrifflich-formale Erfassung des subjektiven Rechts nichts zu leisten vermag, weil sie von anderen, nämlich teleologischen Voraussetzungen ausgeht, hat bereits *Bucher* (Normsetzungsbefugnis, S. 16), überzeugend dargelegt. Zum teleologischen Begriff des subjektiven Rechts vgl. *Biedenkopf*, Über das Verhältnis wirtschaftlicher Macht zum Privatrecht in FS Böhm, S. 113 (115 - 117).

Mit der Frage nach dem Zweck des subjektiven Rechts ist die Frage nach der Notwendigkeit des subjektiven Rechts eng verbunden. Wenngleich die Ansicht von A. v. *Tuhr* (Der Allgemeine Teil des Bürgerlichen Rechts I [1910], S. 53), daß das subjektive Recht der zentrale Begriff des Privatrechts überhaupt sei, sicher überspitzt ist, so kann doch denen nicht zugestimmt werden, die glauben, auf den Begriff des subjektiven Rechts gänzlich verzichten zu können (so z. B. schon *Schloßmann*, Der Vertrag [1876], S. 246 - 257; *Schwarz*, Rechtssubjekt und Rechtszweck, ArchBürgR 32 (1908), S. 12 - 139; vgl. auch die ablehnende Haltung der Uppsala-Schule gegenüber dem subjektiven Recht: *Lunsted*, Die Unwissenschaftlichkeit der Rechtswissenschaft I (1932), insb. S. 89 - 143; *Olivecrona*, Gesetz und Staat (1940); aber auch noch die neuere nordische Lehre steht dem subjektiven Recht skeptisch gegenüber: Alf Ross, Tû - Tû, Scandinavian Studies in Law 1 (1957), S. 137 - 153; vgl. dazu und zur nordischen Lehre überhaupt *Grönförs*, Das subjektive Recht und der Persönlichkeitsschutz im skandinavischen Privatrecht in *Coing/Lawson/Grönförs*, Das subjektive Recht und der Rechtsschutz der Persönlichkeit (1959), S. 39 - 53. Zur Ablehnung des subjektiven Rechts im nationalsozialistischen Rechtsdenken durch die Kieler Rechtsschule und das sogenannte Kitzeberger Lager vgl. eingehend *Kasper*, Das subjektive Recht — Begriffsbildung und Bedeutungsmehrheit (1967), S. 109 - 115; auch von seiten einer soziologischen Rechtsauffassung fehlte es nicht an Angriffen auf das subjektive Recht: so vor allem der von der soziologischen Auffassung *Durkheims* (De la division du travail social [1893]) beeinflußte französische Rechtslehrer *Duguit* (Traité de droit constitutionnel² [1921]); vgl. die eingehende Auseinandersetzung mit der Lehre *Duguits* bei *Dabin*, Le droit subjectiv (1952) und bei *Peter*, Wandlungen der Eigentumsordnung und der Eigentumslehre seit dem 19 Jh. (1949), S. 130 - 159. Daß *Kelsen* sich nicht so leicht in die Gruppe der Gegner des subjektiven Rechts einreihen läßt — wie *Raiser*, Der Stand der Lehre vom subjektiven Recht im Deutschen Zivilrecht, JZ 1961, S. 465, offenbar meint — wird unten (IV. 1.) dargelegt. Ungenau deshalb auch *Schluep*, Das Markenrecht als subjektives Recht (1964), S. 281, der glaubt, die Theorie *Kelsens* mit der *Lunsteds* gleichsetzen zu können (288).

Gegen diese Angriffe muß eingewendet werden, daß die Statuierung von subjektiven Rechten immerhin eine mögliche Technik einer Rechtsordnung, die die Privatautonomie garantiert, darstellt, um das Interesse des Einzelnen besonders zu schützen (vgl. dazu auch *Kelsen*, Reine Rechtslehre², S. 141). Vor allem aber ist der rechtstechnische Begriff hervorragend geeignet, die rechtlichen Verhältnisse zu veranschaulichen. Somit erscheint der Begriff des subjektiven Rechts für die wissenschaftliche Erfassung des Rechts unentbehrlich zu sein. Wie keine andere rechtliche Grundkategorie ist das subjektive Recht in der Lage, die von *Bucher* (Normsetzungsbefugnis, S. 21) unstreitig richtig herausgestellte Tatsache, daß eine auf der Privatautonomie aufbauende Rechtsordnung nicht alle rechtlichen Anordnungen selber treffen kann, sondern dem Einzelnen einen Lebensbereich zuordnet, innerhalb dem der Einzelne zu einer von seinem Willen abhängigen rechtlich relevanten Gestaltung ermächtigt ist, darzustellen. Auch diejenigen, die anstelle des subjektiven Rechts das Rechtsverhältnis als rechtliche Grundkategorie ansehen wollen, müssen zugeben, daß jedes Rechtsverhältnis zumindest ein subjektives Recht enthält (vgl. dazu ausführlich *Larenz*, Allgemeiner Teil des Deutschen Bürgerlichen Rechts [1972], S. 153 - 167; auch *Coing*, Zur Geschichte des Begriffes „subjektives Recht" in *Coing/Lawson/Grönförs*, Das subjektive Recht, S. 22).

über den formalen Charakter des subjektiven Rechts ist aber nicht nur von rechtstheoretischem Interesse. Die Frage, ob der Gesetzgeber ein bestimmtes Interesse einer Person für schutzwürdig hält, ist nur sinnvoll, wenn geklärt ist, wie die normativen Anordnungen beschaffen sind, die das Interesse einer Person zu einem *rechtlich geschützten* Interesse machen.

IV. Das subjektive Recht als Reflex der durch die objektive Rechtsordnung normierten Rechtspflicht — Kelsens Eigentumslehre

1. Die Lehre Kelsens vom subjektiven Recht

Kelsen geht davon aus, daß das subjektive Recht nicht etwas anderes sei als das objektive Recht, vielmehr eine besondere Erscheinungsform desselben darstelle[1]. Der Unterschied zwischen beiden kann nur in einer Relation erblickt werden. Um die normative Ausdeutung dieser Relation geht es *Kelsen*, wenn er sich die Frage vorlegt, wie das objektive Recht zum subjektiven Recht, „zu meinem Rechte" wird[2]. Wenn für *Kelsen* die Rechtsordnung eine zwangsbewehrte Sollensordnung zur Regelung menschlichen Verhaltens ist[3], so ergibt sich daraus notwendig, daß sie aus einer Summe von Pflichten für die Rechtsunterworfenen besteht. Die Rechtsordnung ist Pflichtordnung[4]. Das heißt aber nichts anderes, als daß die Rechtspflicht eines Individuums besteht, sich einem anderen Individuum (Individuen) gegenüber in bestimmter Weise zu verhalten. Daß ein Individuum zu einem bestimmten Verhalten verpflichtet ist, bedeutet, daß im Fall des gegenteiligen Verhaltens eine Sanktion erfolgen soll[5]. Die folgenden Sätze seien wegen der zentralen Bedeutung für die Theorie *Kelsens* wörtlich wiedergegeben[6]: „Wenn ein Individuum einem anderen gegenüber zu einer bestimmten Leistung verpflichtet ist, ist es die von dem anderen entgegenzunehmende Leistung, die den Inhalt der Pflicht bildet." „Und wenn ein Individuum einem anderen gegenüber verpflichtet ist, ein bestimmtes Verhalten dieses anderen zu dulden, so so ist die Duldung eben dieses Verhaltens der Inhalt der Pflicht. Das heißt: das dem verpflichteten Verhalten korrespondierende Verhalten

---

[1] *Kelsen*, Hauptprobleme², S. 618,, 619; zustimmend auch *Bondy*, Der Besitzrechtssatz JhJb. 77 (1927), S. 320 - 325.
[2] *Kelsen*, Hauptprobleme², S. 619.
[3] *Kelsen*, Reine Rechtslehre², S. 33.
[4] *Kelsen*, Reine Rechtslehre², S. 130, 131. Wie *Kelsen* betont auch *Hold von Ferneck* (Die Rechtswidrigkeit I [1903], S. 244) den Primat der Pflicht, wenn er sagt: „Nur wer den Weg über die Pflicht nimmt, gelangt zum subjektiven Recht." Ganz im Gegensatz zu *Kelsen* sieht *Hold von Ferneck* jedoch das subjektive Recht — gleich *Jhering* — als geschütztes Interesse an (123).
[5] *Kelsen*, Reine Rechtslehre², S. 132.
[6] *Kelsen*, Reine Rechtslehre², S. 132.

IV. Das subjektive Recht als Reflex der Rechtspflicht

des Individuums, dem gegenüber die Pflicht besteht, ist in dem Verhalten schon mitbestimmt, das den Inhalt der Pflicht bildet. Bezeichnet man die Beziehung eines Individuums, dem gegenüber ein anderes Individuum zu einem bestimmten Verhalten verpflichtet ist, zu diesem anderen Individuum als ‚Recht', ist dieses Recht nur ein Reflex dieser Pflicht." Damit erscheint das Recht des Individuums als bloßer Reflex der Rechtspflicht eines anderen Individuums. Ist dieses Reflexrecht des einen Individuums durch die Pflicht des anderen Individuums bestimmt, so ist es für das Vorhandensein eines solchen Reflexrechtes in der Tat nicht wesentlich, daß ein Anspruch auf das verpflichtete Verhalten erhoben wird[7].

Von diesem bloßen Reflexrecht unterscheidet *Kelsen* jedoch das subjektive Recht im technischen Sinn[8]. Zum subjektiven Recht im technischen Sinn wird dieses Reflexrecht, wenn es mit Rechtsmacht ausgestattet ist[9]. Soll das subjektive Recht mehr sein, als der bloße Reflex einer Rechtspflicht, dann muß eine Rechtsnorm dem Individuum die Rechtsmacht verleihen, die Nichterfüllung einer Rechtspflicht durch Klage geltend zu machen[10]. Nur wenn eine solche Rechtsmacht verliehen ist, ist das berechtigte Individuum Subjekt eines von der Rechtspflicht verschiedenen Rechts[11], während es ohne Verleihung einer solchen Rechtsmacht nur das „Objekt" des pflichtgemäßen Verhaltens des verpflichteten Individuums ist[12]. Hat ein Individuum ein subjektives Recht in diesem technischen Sinn, so bedeutet dies, daß eine Rechtsnorm ein von ihr bestimmtes Verhalten dieses Individuums zur Bedingung bestimmter Folgen macht[13]. Die Rechtsmacht (zur Klage) des berechtigten Individuums tritt neben den Unrechtstatbestand als ein weiteres, den Staatswillen bedingendes Moment hinzu[14]. Insofern der staatliche Exe-

---

[7] *Kelsen*, Reine Rechtslehre², S. 134.
[8] *Kelsen*, Reine Rechtslehre², S. 134, 137, 139 - 141. Gegen die Auffassung, das subjektive Recht nur als rechtstechnisches Hilfsmittel anzusehen, freilich *Raiser*, Rechtsschutz und Institutionenschutz im Privatrecht in: Summum ius summa iniuria (1963), S. 145 (159). *Raiser* stimmt *Kelsen* allerdings darin zu, daß im Bereich des Institutsschutzes kraft objektiven Rechts die dem einzelnen zukommenden Abwehr- und Ausgleichsansprüche aus dem Institutsschutz abgeleitete Reflexrechte sind.
[9] *Kelsen*, Reine Rechtslehre², S. 140.
[10] *Kelsen*, Reine Rechtslehre², S. 141.
[11] Daß *Kelsen* die Gewährung subjektiver Rechte „nur" als Technik des sogenannten Privatrechts und eines Teiles des modernen Verwaltungsrechts ansieht, besagt nichts über den Wert des subjektiven Rechts als Formalbegriff. Für *Kelsen* ist die Gewährung subjektiver Rechte nicht die rechtslogisch einzig mögliche Organisationsform der Rechtsgemeinschaft. Diese Relativierung der Notwendigkeit subjektiver Rechte betrifft jedoch nur die rechtsteleologischen Hintergründe einer bestimmten Rechtstechnik (dazu auch *Kelsen*, Hauptprobleme², S. 620, 621).
[12] *Kelsen*, Reine Rechtslehre², S. 134.
[13] *Kelsen*, Reine Rechtslehre², S. 140; *Kelsen*, Allgemeine Staatslehre, S. 62.
[14] *Kelsen*, Hauptprobleme², S. 619.

kutionswille von der Klage des Berechtigten abhängig gemacht ist, kann nun die verpflichtende Rechtsnorm und damit die Pflicht des einen als das subjektive Recht des anderen beurteilt werden[15]. Da nun aber die Rechtsnorm im engeren Sinn nach *Kelsen* eine doppelte Pflicht statuiert, einerseits die des Rechtsunterworfenen zu einem pflichtmäßigen Verhalten, andererseits die des Staates mangels dieses pflichtmäßigen Verhaltens eine Unrechtsfolge zu verhängen, ist das subjektive Recht, sofern ein solches — durch die Einräumung der Klagebefugnis — statuiert ist, sowohl auf das pflichtgemäße Verhalten des Verpflichteten als auch auf die Sanktionsverhängung durch den Staat bei Unterbleiben des pflichtgemäßen Verhaltens gerichtet. Da diese „doppelte Pflicht" — nach *Kelsens* Normtheorie — durch eine einzige Rechtsnorm statuiert wird, vermag *Kelsen* die Klagsbefugnis (actio) in die Rechtsnorm als eine der den Willen des Staates zur Unrechtsfolge bedingende Tatsache aufzunehmen: Dementsprechend versteht *Kelsen* das subjektive Recht als den „Rechtssatz in seinem Verhältnis zu derjenigen Person, von deren Verfügung die Realisierung des im Rechtssatz ausgesprochenen Willens des Staates zur Unrechtsfolge abhängig gemacht ist"[16].

2. Die unterschiedliche Struktur des subjektiven Rechts bei Kelsen und Thon

Obgleich auch *Thon*[17] das subjektive Recht aus der objektiven Norm ableitet, gelangt er zu einem anderen Begriff des subjektiven Rechts als *Kelsen*. Dies hat seinen Grund darin, daß zwischen der Normtheorie

---

[15] *Kelsen*, Hauptprobleme², S. 620.
[16] Vgl. dazu die in ihrem Gehalt durchaus ähnliche Definition des subjektiven Rechts bei F. *Kaufmann*, Logik der Rechtswissenschaft (1922), S. 113, der von einem subjektiven Recht einer Person spricht, wenn es von ihrem Verhalten abhängt, ob der anderen Person eine Rechtspflicht erwächst. Der *Kelsen*schen Auffassung entspricht auch weitgehend die Ansicht *Nawiaskys* (Allgemeine Rechtslehre², insb. S. 152 - 165), der dann von einem subjektiven Recht spricht, wenn das aktive Mitwirken des Berechtigten an der Verwirklichung der rechtlichen Sanktion in den Tatbestand der sekundären Norm als Bedingung für die Verpflichtung der Rechtsschutzorgane zur Anwendung der Sanktion aufgenommen ist. Das subjektive Recht ist nach ihm „eine Rechtsnorm zugunsten einer Person, deren Schutz von dem Individualwillen der begünstigten Person abhängt, oder die Verfügungsmacht über den staatlichen Rechtsschutz zugunsten eines individuellen Interesses". Da auch er davon ausgeht, daß eine Verpflichtung nur dann Rechtscharakter habe, wenn dahinter eine Zwangssanktion stehe, müsse auch die Verfügung über diese Zwangssanktion einem Subjekt zukommen, wenn die Verpflichtung nicht nur objektivrechtlicher Natur sein solle. Demnach sei nicht entscheidend, daß der Berechtigte die Leistung fordern darf, sondern daß er sie erzwingen kann. Das subjektive Recht gehöre deshalb der Kategorie des rechtlichen Könnens an.
Bevor *Kelsen* seine Lehre formuliert hat, hat freilich schon *Kipp* (*Windscheid/Kipp*, Pandekten I⁹, S. 169, FN 3) gegen einen solchen Begriff des subjektiven Rechts eingewendet, daß das Wesen des subjektiven Privatrechts aus Inhalt und Adresse des zugunsten des Berechtigten erlassenen materiellen

IV. Das subjektive Recht als Reflex der Rechtspflicht

Kelsens und *Thons* ein entscheidender Unterschied besteht, der es *Kelsen* letztlich nicht erlaubt, dem *Thon*schen Begriff des subjektiven Rechts zu folgen. Zwar stehen nach *Thon* die Imperative, die die Gesamtheit der Rechtsordnung ausmachen, nicht unverbunden nebeneinander, sondern sie sollen insofern miteinander verbunden sein, „als die Nichtbefolgung der einen für andere häufig die Voraussetzung des Befohlenen bildet"[18]. Dadurch setzt der Eintritt der Rechtsfolge die Verletzung eines an die Rechtsunterworfenen gerichteten Imperatives rechtmäßigen Verhaltens voraus, die nun ihrerseits Voraussetzung für den an die Staatsorgane gerichteten Imperativ zu strafen oder zu exekutieren, ist. Nun sind allerdings diese Imperative gar nicht miteinander verbunden. Dies wäre nur der Fall, wenn der eine Imperativ Voraussetzung des anderen wäre. In Wahrheit ist es jedoch nicht ein Imperativ, der den anderen bedingt, sondern ein rein faktischer Vorgang, nämlich dessen Verletzung. Wenn nun aber nach *Thon* das Wesen des subjektiven Rechts darin zu sehen ist, daß staatlicher Schutz nur dann ein subjektives Recht darstellt, wenn der Interessent selbst zur Realisierung des Schutzes berufen wird[19] und die Berufung zur Realisierung nichts anderes bedeutet als die Macht, vom Staatsorgan die Verhängung der Unrechtsfolge zu verlangen, so liegt auf der Hand, daß nur der an das Staatsorgan gerichtete Imperativ zu strafen bzw. zu exekutieren einer Subjektivierung fähig ist. Das hat allerdings zwei weitreichende Folgen: Erstens wäre nach dieser Konzeption niemals ein subjektives Recht auf das rechtmäßige Verhalten eines anderen möglich, weil dem Berechtigten darüber keine Verfügung zukäme und zweitens entstünde ein subjektives Recht erst, wenn die eine fremde Pflicht statuierende Norm verletzt wäre. Dieses Ergebnis will *Kelsen* dadurch vermeiden, indem er annimmt, daß die Pflicht des Untertanen zu rechtmäßigem Verhalten und die Rechtspflicht des Staates bei Verletzung Sanktionen zu verhängen, nicht „durch zwei selbständige, voneinander unabhängige, unverbunden nebeneinanderstehende Normen, sondern durch einen einzigen Rechtssatz zusammen" statuiert werden[20]. Infolge dieses Unterschiedes in der Normentheorie gelangt *Kelsen* zu einer anderen Erfassung des subjektiven Rechts, die sich von der *Thon*schen Definition des subjektiven Rechts grundlegend unterscheidet. Für *Thon* besteht das subjektive Recht in der Aussicht auf eventuelle Ansprüche[21].

Rechtsbefehles bestimmt werden müsse. Indessen bleibt gerade bei *Kipps* Ansicht die Frage offen, wie aus der „Adresse" der eine bestimmte Person verpflichtenden Rechtsnorm geschlossen werden kann, zu wessen Gunsten die Rechtsnorm erlassen wurde.

[17] *Thon*, Rechtsnorm und subjektives Recht (1878), insb. S. 133, 151, 217.
[18] *Thon*, Rechtsnorm, S. 8.
[19] *Thon*, Rechtsnorm, S. 217.
[20] *Kelsen*, Hauptprobleme², S. 625.
[21] *Thon*, Rechtsnorm, S. 218.

3. Kelsens Eigentumslehre als Ergebnis seiner Theorie vom subjektiven Recht

Der Eigentumsbegriff *Kelsens* ergibt sich notwendig aus seinem Begriff des subjektiven Rechts. Da das Recht das Verhalten von Menschen in ihrer Beziehung zu anderen Menschen regelt[22], kann auch das Eigentum rechtlich nur in einer Regelung eines bestimmten Verhaltens eines Menschen zu anderen Menschen bestehen, nämlich in deren Pflicht, jenen in seinen Verfügungen über eine bestimmte Sache nicht zu hindern und diese Verfügung auch sonst nicht zu beeinträchtigen[23]. Dadurch ist der Eigentümer nur Objekt der Pflicht aller übrigen Rechtsgenossen. Sein „Recht" ist Reflexrecht, in der Pflicht dieser anderen bestehend. Es ist ein Reflex einer Vielheit von Pflichten einer unbestimmten Zahl von Individuen gegenüber ein und demselben Individuum mit Beziehung auf ein und dieselbe[24] Sache[25]. Dieses Reflexrecht wird — entsprechend der *Kelsen*schen Auffassung — zum subjektiven Recht des Eigentümers, indem ihn die Rechtsordnung ermächtigt, die Verletzung der Pflicht, ihn an der Verfügung über eine bestimmte Sache nicht zu hindern, durch gerichtliche Klage geltend zu machen. Durch diese von der Rechtsordnung eingeräumte Rechtsmacht wird das bloße Reflexrecht subjektiviert, wird zum subjektiven Recht des Eigentümers. Daraus ergibt sich aber auch, daß die „Herrschaft über die Sache" als Beziehung einer Person zur *Sache* nicht zum subjektiven Recht gehört. Die Herrschaft über die Sache ist rechtlich nur der Reflex des Ausschlusses der anderen[26]. Für *Kelsen* ist demnach das Eigentumsrecht als subjektives Recht durch gerichtliche Klage geltend zu machendes Ausschlußrecht[27].

---

[22] Siehe dazu oben III, 1.
[23] *Kelsen*, Reine Rechtslehre², S. 136.
[24] *Kelsen*, Reine Rechtslehre², S. 137.
[25] Zum Unterschied von einem Forderungsrecht, das Reflex nur einer Pflicht eines bestimmten Individuums gegenüber einem anderen bestimmten Individuums ist (*Kelsen*, Reine Rechtslehre², S. 137).
[26] *Kelsen*, Reine Rechtslehre², S. 136. Diese sekundäre Beziehung zu einer Sache ist nach *Kelsen* ja nicht einmal die Herrschaft des Eigentümers über die Sache, sondern eine Beziehung der anderen Nichteigentümer zur Sache, durch die ihre Beziehung zum Eigentümer vermittelt wird.
[27] Nach der schon vorhin (IV, 1, FN 16) aufgedeckten Ähnlichkeit der Lehre *Nawiaskys* mit der *Kelsens* kann es nicht verwundern, wenn auch *Nawiasky* (Allgemeine Rechtslehre², S. 164) das Eigentumsrecht als Ausschlußrecht deutet. Obgleich *Thon* — wie unter IV, 2 gezeigt — das subjektive Recht fälschlich als normgeschützten Zustand versteht, gelangt er zu ähnlichen Ergebnissen wie *Kelsen*, indem er das Eigentumsrecht dann zum subjektiven Recht werden läßt, wenn dem Eigentümer ein Mittel zur Beseitigung der Normwidrigkeit an die Hand gegeben ist, das man „gleichfalls sein zu nennen vermöchte" (*Thon*, Rechtsnorm, S. 156). Die Normwidrigkeit sieht *Thon* in der Genußanmaßung durch einen anderen, da nach *Thon* (Rechtsnorm, S. 167) der diesbezügliche Imperativ lautet: Niemand darf eine fremde Sache ohne Einwilligung des Eigentümers genießen. Zum subjektiven Recht des Geschützten (des Eigentümers) wird das Eigentum erst, soweit die Rechtsordnung aus einer

Vor einer kritischen Auseinandersetzung mit *Kelsens* Theorie des subjektiven Rechts muß noch kurz auf die Lehre *Buchers* eingegangen werden, der zwar — wie *Kelsen* — von einer Wesensgleichheit von objektivem und subjektivem Recht ausgeht[28], jedoch auf Grund einer anderen Deutung der von der Rechtsordnung verliehenen „Rechtsmacht" zu einem unterschiedlichen Begriff des subjektiven Rechts gelangt.

V. Das subjektive Recht als Normsetzungsbefugnis — Buchers Eigentumslehre

1. Die Lehre Buchers vom subjektiven Recht[1]

Buchers Versuch, in normativer Deutung das subjektive Recht als Rechtsformbegriff zu erfassen, stützt sich in wesentlichen Teilen auf die Reine Rechtslehre *Kelsens*[2]. Vor allem teilt er *Kelsens* Auffassung, daß das subjektive Recht vom objektiven Recht nicht wesensverschieden ist[3].

Verletzung der Norm dem Geschützten einen Anspruch gewährt. Allerdings ist von *Kelsens* Standpunkt aus darauf zu verweisen (siehe schon IV, 2), daß nach der *Thon*schen Definition des Eigentums kein subjektives Recht auf rechtmäßiges Verhalten des anderen möglich wäre, weil das Entstehen des subjektiven Rechts die Verletzung des Imperativs an den Nichteigentümer voraussetzt.

[28] *Bucher*, Normsetzungsbefugnis, S. 14.
[1] Kritisch zur Lehre *Buchers* etwa *Söllner*, Einseitige Leistungsbestimmungen im Arbeitsverhältnis (1966), S. 24; *Koziol*, JBl. 1966, S. 278; *Koziol*, Beeinträchtigung fremder Forderungsrechte (1967), S. 138, 139; *Bötticher*, Einseitige Leistungsbestimmung im Arbeitsverhältnis, AuR 1967, S. 321 (325); *Kasper*, Das subjektive Recht, S. 143 - 152; *Pieper*, AcP 168 (1968), S. 532 - 536; *Adomeit*, Rechtsquellenfragen im Arbeitsrecht (1969), S. 104, 105; *Adomeit*, Gestaltungsrechte, Rechtsgeschäfte, Ansprüche (1969), S. 26 - 32; *Schmidt*, Aktionsberechtigung und Vermögensberechtigung (1969), S. 47 - 50; *Aliprandis*, Subjektives Recht und Unterwerfung, Rechtstheorie 1971, S. 133 (143, 144); *Huber*, Rechtstheorie 1971, S. 246 - 253.
[2] *Bucher*, Normsetzungsbefugnis, S .13; alle weiteren Zitate mit bloßer Seitenangabe aus diesem Werk.
[3] *Bucher*, Normsetzungsbefugnis, S. 14. Die Abweichungen von *Kelsens* Normtheorie weisen *Bucher* als konsequenten Vertreter der Imperativentheorie aus. Freilich sind die Auffassungen *Buchers* und *Kelsens* bezüglich der logischen Struktur der Rechtsnorm nicht weit voneinander entfernt. Einmal erkennt *Bucher* (50) in der Auseinandersetzung mit *Kelsens* früherer Deutung der Rechtsnorm als hypothetisches Urteil, daß zwischen der Imperativentheorie und *Kelsens* Auffassung keine unüberbrückbare Kluft besteht, sondern daß sich die Imperative von hypothetischen Urteilen letztlich nur durch deren Unbedingtheit unterscheiden. Und *Kelsen* selbst hat die noch in der Polemik gegen *Bierling* (Juristische Prinzipienlehre I [1894]), der die Norm als Imperativ auffaßte, geäußerte Auffassung, daß die Norm die Struktur eines hypothetischen Urteils habe (Hauptprobleme[2], S. 210 - 212), in der 2. Auflage der Reinen Rechtslehre entscheidend modifiziert, indem er ausdrücklich darauf hinweist, daß die Rechtsnormen keine Urteile, sondern Imperative, Erlaubnisse und Ermächtigungen sind, und daß vielmehr der Beschreibung der Normen, also dem Rechtssatz, die Struktur eines hypothetischen Urteiles zukomme (Reine Rechtslehre[2], S. 73). Diese Auffassung hat sich — entgegen der Ansicht *Buchers* — in

Die Rechtsordnung statuiert — nach *Bucher* — als Normengefüge Pflichten der Normadressaten. Insofern könne man von einer Identität von Rechtsnormen und Rechtspflicht sprechen (46). Jede Rechtsnorm setze als Willensinhalt ein normsetzendes Subjekt voraus. Normsetzendes Subjekt könne aber nicht nur die staatliche Gemeinschaft, sondern auch ein einzelnes Individuum sein (45). Der Normbegriff dürfe auch nicht auf generell-abstrakte Normen beschränkt werden, sondern auch die individuell-konkreten Sollenssätze, das heißt die an eine individuell bestimmte Person gerichteten Befehle konkreten Inhalts seien als Normen aufzufassen (49)[4]. Da zum einen der Zweck der subjektiven Rechte darin bestehe, dem Berechtigten eine Willensmacht, das ist die Befugnis zur Regelung seiner Beziehung zu anderen in bezug auf einen bestimmten Sachverhalt, zuzusprechen und der Wille eines Menschen die gleiche logische Struktur wie die Rechtsordnung selbst habe (45, 66), zum anderen ein Teil der generell abstrakten Normen dem erst allgemein umschriebenen Verpflichteten nur „potentielle Befehle" erteile, könne die Rechtsordnung — wenn sie „dem einzelnen in echt privatrechtlichem Sinn" die Regelung ihrer gegenseitigen Beziehungen überlassen will (21, 59) — den „Willen" des einzelnen zur Geltungsbedingung der potentiellen Pflichten statuierenden Norm machen. Um diese potentiellen in aktuelle Befehle umzusetzen, müsse der Berechtigte seinen Willen gegenüber dem erst potentiell Verpflichteten äußern, daß dieser eine bis dahin potentielle Pflicht nunmehr erfülle (67). „Der sich mit der vom objektiven Recht vorgegebenen Norm identifizierende Wille des Berechtigten ist conditio sine qua non der Gültigkeit dieser Norm und kausal für diese, als Voraussetzung der Normgeltung daher seinerseits normsetzend" (57). Diese Willensäußerung ist Anspruchserhebung, der Willensinhalt selbst Anspruch. Ansprüche — in dem bei *Bucher* gebrauchten Sinn — sind Rechtsnormen, Anspruchserhebung sit Normsetzung. Die eingeräumte Befugnis zur Anspruchserhebung ist Normsetzungsbefugnis (67). Somit lautet *Buchers* zentrale These: „Das Recht im subjektiven Sinn ist eine dem Berechtigten von der Rechtsordnung verliehene Normsetzungsbefugnis" (55). Diese Normsetzungsbefugnis wird vom objektiven Recht verliehen und inhaltlich abgegrenzt. „Die vom Träger des subjektiven Rechts getroffenen Anordnungen werden, weil und soweit sie auf Grund der ihm übertragenen Normsetzungsbefugnis erlassen sind, der Rechtsordnung im objektiven Sinn zugerechnet und sind deshalb

---

der Allgemeinen Staatslehre *Kelsens* angebahnt, wenn dort (Allgemeine Staatslehre, S. 54) davon die Rede ist, daß die *Darstellung* des rechtsgesetzlichen Zusammenhanges nur in Form von Urteilen erfolgen könne. Daß *Bucher* (13) die Rechtsordnung primär als Verhaltensanordnung und nicht als Zwangsordnung deutet, ergibt sich als weitere Abweichung von *Kelsens* Normentheorie und entspricht *Buchers* imperativistischem Ansatz.

[4] Auch hier weiß er sich in Übereinstimmung mit *Kelsen* (Reine Rechtslehre[2], S. 107).

V. Das subjektive Recht als Normsetzungsbefugnis

ihrerseits nichts anderes als Rechtsnormen". „Die Verleihung subjektiver Rechte ist ein Delegationssachverhalt" (56). „Sie ist eine Delegation von Normsetzungsbefugnis" (48). So fügt sich *Buchers* subjektives Recht als letzte Stufe der Delegation von Rechtssetzungsbefugnis in den *Kelsen*schen Stufenbau der Rechtsordnung (14, 56).

Bucher verkennt allerdings nicht, daß es auch Normen gibt, deren Normgeltung nicht vom Willen des einzelnen abhängt. In diesen Fällen „liegt kein subjektives Recht vor, sondern lediglich eine objektiv-rechtliche Norm, die zum Vorteil des einzelnen ausschlägt" (56).

Es zeigt sich also, daß es unter Zugrundelegung der Erkenntnis, daß dem Willen des einzelnen und einer Norm die gleiche logische Struktur eigen ist, durch Zweiteilung des Normbegriffes in generell-abstrakte und individuell-konkrete Normen einerseits und durch die Annahme, die Umwandlung der ersteren in letztere sei vom Willen des Berechtigten abhängig, möglich ist, den Berechtigten zur „Umschaltstation"[5] von der potentiellen zur aktuellen Rechtspflicht zu machen und diese Willensmacht als durch das objektive Recht delegierte Normsetzungsbefugnis zu bezeichnen[6]. Dieses extrem voluntaristische Abstellen auf die Willensmacht des einzelnen[7] vermag *Bucher* indessen nur durchzuhalten, indem er sich bei Berechtigungen juristischer und geschäftsunfähiger Personen mit einer Fiktion eines Willens des Rechtsträgers behilft (102, 103).

Freilich erkennt auch *Bucher*, daß es Fälle gibt, in denen der Berechtigte gar keinen Willen äußern muß, um sein Recht wirksam werden

---

[5] Dieses verdeutlichende Bild stammt von *Kasper*, Das subjektive Recht, S. 145.

[6] Zu einem ganz ähnlichen Ergebnis wie *Bucher* ist schon lange vor ihm ein anderer Anhänger der Imperativentheorie gelangt: *Oertmann*, JhJb 31, S. 443, führte aus, das subjektive Recht sei in Wahrheit nichts anderes als „Befehl, Rechtsnorm in subjektiver Fassung". Nach außen hin, dem Verpflichteten gegenüber, muß es, um die notwendige Allgemeingültigkeit zu haben, im Rahmen des objektiven Rechts erscheinen: „es kann keinen neuen Befehl enthalten, vielmehr wird in ihm ein objektiv schon vorhandener Befehl dem Subjekt für diesen Einzelfall zur Ausübung zu eigen gegeben."

[7] Das Abstellen auf die vom objektiven Recht gewährte Willensmacht ist eine von *Bucher* beabsichtigte Rückkehr zur Willenstheorie *Windscheids*, als deren Fortbildung er seine Lehre versteht (*Bucher*, S. 56, 57). Als Hauptvertreter der Willenstheorie kann *Windscheid* angesehen werden, der das subjektive Recht als „Wollendürfen" oder als eine „vom objektiven Recht anerkannte Willensmacht" auffaßt (*Windscheid/Kipp*, Pandekten I^9, S. 155 - 165). Ganz ähnlich auch *Germann*, Grundlagen der Rechtswissenschaft^2 (1968). Auf die Lehre *Windscheids*, die in ihrer extremen Ausprägung heute überholt ist, braucht nicht näher eingegangen zu werden. Bei der kritischen Würdigung der Lehre *Kelsens* werden sich zu ihr Bezugspunkte ergeben, so daß dort zu den einzelnen Punkten der *Windscheid*schen Lehre noch Stellung genommen werden muß. Ähnlich wie *Windscheid* fassen das subjektive Recht als Willensmacht auf: *Savigny*, System des heutigen Römischen Rechts I (1840), S. 7, 383; *Arndt*, Pandekten^{13} (herausgeg. v. *Pfaff/Hofmann* [1886], S. 27, 28; *Gierke*, Deutsches Privatrecht I (1895), S. 255; *Unger*, System des österreichischen allgemeinen Privatrechts I^4 (1876), S. 489.

zu lassen. Als Beispiel führt *Bucher* selbst das Eigentumsrecht an (68). Der Eigentümer einer Sache müsse nicht mitteilen, daß er eine Beschädigung der Sache nicht haben wolle. Wie bei den meisten auf eine Sachherrschaft gerichteten Rechten bestehe auf Grund der allgemeinen Lebenserfahrung eine Vermutung des negatorischen Willens des Berechtigten. Die Rechtsordnung verbinde eben subjektive Rechte vielfach mit der widerleglichen Vermutung, der Berechtigte übe sein Recht in einem bestimmten Sinn aus (69).

2. Buchers Eigentumslehre als Ergebnis seiner Theorie vom subjektiven Recht

In Übereinstimmung mit der herrschenden Lehre sieht *Bucher* im Eigentum ein subjektives, absolutes Recht (162). Da *Bucher* den normativen Gehalt des absoluten Rechtes nur in der Befugnis des Eigentümers, Unterlassungspflichten gegenüber allen übrigen Rechtsgenossen zu statuieren, sieht (153), erschöpft sich auch das Eigentumsrecht in einem Ausschlußrecht. Die Zuordnung eines bestimmten sachlichen Bereiches zu ausschließlicher Verfügung sei lediglich der Zweck (151), das Motiv (153) für die Verleihung der Ausschlußbefugnis. Auch die Sachbeherrschung (also die Tatsache, daß der Eigentümer im Rahmen seines Rechtes mit der Sache nach Belieben verfahren darf) ist „nicht Resultat einer eigentlichen normativen Anordnung, sondern nur die Folge des negativen Umstandes, daß ihm keine Rechtsnormen den Sachgebrauch untersagen. Da jede Rechtsordnung auf einer Freiheitsvermutung aufgebaut ist, kann bei normativer Betrachtungsweise die Erlaubtheit der Verfügung über die Sache nicht zum Begriffsmerkmal der absoluten oder der dinglichen Rechte erhoben werden" (153). Daraus ergebe sich, daß bei einer normativen Betrachtungsweise des Eigentums nur auf die Ausschließungsbefugnis abgestellt werden könne, während das Abstellen auf die Zuordnung eines sachlichen Bereiches zu ausschließlicher Nutzung, also auf die Sachbeherrschung, eine teleologische, das heißt den Zweck der normativen Anordnung betonende, Betrachtungsweise darstelle. Allerdings seien diese beiden Betrachtungsweisen keine absolut gegensätzlichen Aspekte (155), sondern ergänzten sich insofern, als das eine Mal die Frage nach dem normativen Gehalt, das andere Mal die Frage nach dem Normzweck gestellt werde (152).

Da allerdings nicht alle subjektiven, absoluten Rechte Eigentumsrechte sind, bedient sich *Bucher* selbst eines teleologischen Kriteriums, um die absoluten dinglichen Rechte — und nur diese will er als Eigentumsrechte ansehen — von den sonstigen absoluten Rechten (z. B. Persönlichkeitsrechten) abzugrenzen; nur solche Vollrechte seien Eigentumsrechte, die sich auf die Beherrschung einer körperlichen Sache beziehen (163).

Die Abgrenzung des Eigentumsrechtes von den beschränkten, dinglichen Rechten findet *Bucher* in der umfassenden Normsetzungsbefugnis, die das Eigentumsrecht verleihe. Diese Normsetzungsbefugnis gehe soweit wie das objektive Recht überhaupt eine Ausschließungsbefugnis hinsichtlich der betreffenden Sache zuläßt, während die Normsetzungsbefugnis des beschränkt dinglich Berechtigten sich darin erschöpft, in dem durch das *betreffende Recht limitierten Umfang* die Einwirkung auf die Sache zu untersagen (164, 165).

Demnach ist — nach *Bucher* — das Eigentumsrecht dasjenige Recht, das die umfassendste Befugnis verleiht, allen übrigen Rechtsgenossen die Einwirkung auf eine bestimmte Sache zu untersagen. Das Eigentumsrecht ist als Normsetzungsbefugnis absolutes Ausschlußrecht.

VI. Kritische Analyse der Lehren Kelsens und Buchers

1. Der wesentliche Unterschied zwischen Kelsens und Buchers Begriff des subjektiven Rechts

Obwohl beide Autoren das subjektive Recht normativ erfassen wollen und deshalb ihren Ausführungen die Erkenntnis zugrunde legen, daß das subjektive Recht vom objektiven Recht nicht wesensverschieden ist, gelangen sie dennoch zu keinem übereinstimmenden Begriff des subjektiven Rechts. Für *Kelsen* ist das subjektive Recht im technischen Sinn Norm[1] in ihrem Verhältnis zur derjenigen Person, von deren Willensmacht die Realisierung des in der Norm ausgesprochenen Willens des Staates zur Sanktionsverhängung bei normwidrigem Verhalten des Verpflichteten abhängig ist. Das subjektive Recht ist ein mit Rechtsmacht ausgestattetes Reflexrecht[2].

Das Herabsinken des subjektiven Rechts zu einem bloßen Reflex der korrespondierenden Pflicht — das nach *Buchers* Meinung[3] mit *Kelsens* Begriff des subjektiven Rechts notwendig verbunden ist — will *Bucher* vermeiden. Er stellt *Kelsens* Primat der Pflicht und damit dessen Auffassung, daß das Verhalten des Berechtigten durch den Inhalt der Pflicht schon mitbestimmt sei, in Frage, weil dadurch der Berechtigte zu einem bloßen Objekt des Verhaltens des Verpflichteten werde[4]. *Bucher* dagegen will dem Berechtigten eine Stellung im Normerzeugungsverfahren zukommen lassen. Deshalb sei das subjektive Recht auch keine Norm, sondern ein Normerzeugungsmedium — eben Normsetzungsbefugnis[5].

---
[1] Siehe auch *Kelsen*, Allgemeine Staatslehre, S. 62.
[2] *Kelsen*, Reine Rechtslehre², S. 140.
[3] *Bucher*, Normsetzungsbefugnis, S. 63.
[4] *Bucher*, Normsetzungsbefugnis, S. 63.
[5] *Bucher*, Normsetzungsbefugnis, S. 7.

Es zeigt sich also, daß die unterschiedliche Erfassung des subjektiven Rechts nicht so sehr durch *Buchers* imperative Struktur der Norm und durch die sich daraus ergebende Auffassung, daß die Rechtsordnung primär eine Verhaltensanordnung sei und erst sekundär Zwangscharakter habe, bedingt ist. Vielmehr liegt der Grund in *Buchers* Skepsis gegenüber dem normativen Primat der Pflicht. Vor allem aber hält *Bucher Kelsens* Auffassung für verfehlt, daß das der normierten Pflicht korrespondierende Verhalten des Berechtigten durch diese schon mitbestimmt ist[6].

Für unsere Untersuchung ist als wesentliches Ergebnis festzuhalten: Obgleich beide Autoren zu einem divergierenden Begriff des subjektiven Rechts gelangen, stimmen sie in der normativen Erfassung des Eigentumsrechtes überein. Ob nun das subjektive Recht ein mit der Rechtsmacht zur Klagserhebung ausgestattetes Reflexrecht oder Normsetzungsbefugnis ist: Der normative Gehalt des Eigentumsrechtes erschöpft sich in einem absoluten Ausschlußrecht.

Im folgenden soll nun untersucht werden, ob die Lehren *Kelsens* und *Buchers* den dagegen vorgebrachten kritischen Einwänden standhalten können und inwieweit eine allenfalls notwendige Modifikation des Begriffs des subjektiven Rechts auch eine Änderung der Eigentumsdefinition mit sich bringen würde.

2. Kritische Würdigung der Lehre Kelsens

a) Das Mißverständnis der Kelsenschen Lehre

Es beruht auf einem Fehlverständnis der *Kelsen*schen Lehre, wenn behauptet wird, *Kelsen* leugne das subjektive Recht schlechthin[7] und das subjektive Recht sinke bei ihm zu einem bloßen Reflex der korrespondierenden Pflicht herab[8]. Denn für *Kelsen* ist — wie oben gezeigt wurde[9] — das subjektive Recht im technischen Sinn mehr als ein bloßes Reflexrecht. Es ist ein Reflexrecht, das die objektive Normordnung mit der Rechtsmacht ausgestattet hat, die Nichterfüllung einer Rechtspflicht durch Klage geltend zu machen[10]. Es ist deshalb auch sehr die Frage, ob die Ansicht *Adomeits*, daß das subjektive Recht bei *Kelsen* eine „paratheoretische Zweckschöpfung" sei[11], haltbar ist.

---

[6] *Bucher*, Normsetzungsbefugnis, S. 64.
[7] So aber *Raiser*, JZ 1961, S. 465; *Schluep*, Das Markenrecht als subjektives Recht, S. 281.
[8] So aber *Bucher*, Normsetzungsbefugnis, S. 63.
[9] Siehe oben unter IV, 1.
[10] *Kelsen*, Reine Rechtslehre², S. 139.
[11] *Adomeit*, Rechtsquellenfragen, S. 104.

Freilich begegnet *Kelsen* dem subjektiven Recht mit gewisser Skepsis. Aber es ist schon oben angedeutet worden[12], daß es sich hierbei um die Frage nach den rechtsteleologischen Hintergründen einer bestimmten Rechtstechnik handelt. Die Statuierung subjektiver Rechte stellt „keine notwendige inhaltliche Gestaltung des objektiven Rechts dar". Sie ist nur eine besondere Technik, der sich das Recht bedienen kann, aber durchaus nicht bedienen muß[13]. Gewährt aber eine Rechtsordnung subjektive Rechte — was ja *Kelsen* für die „kapitalistische Privatrechtsordnung" unbestreitbar annimmt[14] — dann ist das subjektive Recht auch normativ erfaßbar: als ein mit Rechtsmacht ausgestattetes Reflexrecht.

b) Die unterschiedliche Stellung der Willensmacht in der Lehre Kelsens und Windscheids

Das hat schon *Wielikowski*[15] erkannt und *Somló* hat, gerade weil durch *Kelsens* Konzeption des subjektiven Rechts der in der Rechtsnorm ausgedrückte bedingte Wille des Staates zu einem bestimmten Verhalten auch vom Berechtigten, das heißt von einer Verfügung oder Äußerung des Berechtigten, abhängig gemacht ist, *Kelsens* Theorie des subjektiven Rechts als „verkappte Willenstheorie" bezeichnet[16]. Allerdings unterscheidet sich gerade der Willensbegriff *Kelsens* von dem der ‚Willentstheorie', namentlich von dem *Windscheids*, grundlegend. *Windscheid* faßt nämlich — ganz im Sinne des damals herrschenden Willensbegriffs von *Zitelmann*[17] — das Wollen als psychischen Vorgang auf[18]. Im Gegensatz dazu verwirft *Kelsen* den psychologischen Willensbegriff, indem er den Willen überhaupt nur als Mittel ansieht, um äußere Tatbestände mit den der Rechtsordnung unterworfenen Subjekten zu verknüpfen. Für *Kelsen* sind Zurechnung und Wille in einer juristischen Betrachtungsweise „correlate Begriffe". Der Wille ist eine „im Inneren des Menschen gedachte, als Endpunkt der Zurechnung fungierende Konstruktion"[19]. Das heißt aber für *Kelsens* Lehre nichts anderes, als daß man ein subjektives Recht dann hat, wenn der äußere Tatbestand der Klagserhebung auf Grund der die Pflicht normierenden Rechtsnorm

---
[12] IV, 1, FN 11.
[13] *Kelsen*, Reine Rechtslehre², S. 141.
[14] *Kelsen*, Reine Rechtslehre², S. 141.
[15] *Wielikowski*, Die Neukantianer in der Rechtsphilosophie (1914), S. 170 bis 172.
[16] *Somló*, Juristische Grundlehre (1917), S. 481.
[17] *Zitelmann*, Irrtum und Rechtsgeschäft (1897).
[18] Gerade dieser psychologische Willensbegriff bringt für *Windscheid* beträchtliche Schwierigkeiten. So muß er — was schon von *Thon* (Rechtsnorm, S. 220 - 221) und *Jhering* (Geist III/1, S. 332) gerügt wurde — anerkennen, daß Willensunfähige Rechte haben können und daß man subjektive Rechte haben kann, ohne davon etwas zu wissen, geschweige denn deren Inhalt zu wollen.
[19] *Kelsen*, Hauptprobleme², S. 144 - 146.

dem Rechtssubjekt zugerechnet werden kann. Zurechenbar ist jedoch eine Klageserhebung dann, wenn in die die Pflicht statuierende Rechtsnorm die actio als eine den Willen des Staates zur Unrechtsfolge bedingende Tatsache aufgenommen ist. Es zeigt sich hier, daß *Kelsens* Auffassung des subjektiven Rechts mit seinem normativen Willensbegriff durchaus im Einklang steht.

Eine solche logische Stimmigkeit vermag indessen *Windscheids* Lehre nicht zu bieten. Muß doch *Windscheid* — um die subjektiven Rechte Willensunfähiger zu erklären — einerseits davon ausgehen, daß der im subjektiven Recht gebietende Wille nur der der Rechtsordnung ist und nicht der Wille des Berechtigten[20]. Denn die Rechtsordnung sei es, die das rechtmäßige Verhalten des dem Berechtigten gegenüberstehenden Verpflichteten wolle, und nur dieser Wille sei wesentlich. Das subjektive Recht ist „unabhängig vom realen Willen des Berechtigten, von einer von ihm ausgehenden Willensäußerung"[21]. Wenn aber nach *Windscheids* eigener Definition das subjektive Recht die von der Rechtsordnung anerkannte und gewährleistete Willensmacht ist, kommt *Windscheid* zwingend dazu, daß die Rechtsordnung ihren eigenen Willen schützt. Diese Schwierigkeit dürfte auch *Windscheid* selbst erkannt haben, wenn er an anderer Stelle meint, daß die Subjektivierung der Rechtsnorm zum subjektiven Recht dadurch erfolge, daß die Rechtsnorm den Inhalt ihres Befehles aus dem realen Willen des Berechtigten entnehme[22]. Damit gerät er allerdings — worauf schon *Kelsen*[23] verwiesen hat — vollends in Widerspruch zu seinen eigenen Voraussetzungen[24].

---

[20] *Windscheid/Kipp*, Pandekten I⁹, S. 158.
[21] *Windscheid/Kipp*, Pandekten I⁹, S. 157.
[22] *Windscheid/Kipp*, Pandekten I⁹, S. 158.
[23] *Kelsen*, Hauptprobleme², S. 587.
[24] *Kelsens* Begriff unterscheidet sich aber noch in einem weiteren entscheidenden Punkt von dem *Windscheids*. Der *Kelsen*sche Begriff beschränkt das subjektive Recht auf den mit dem Klagsanspruch verknüpften Erfüllungsanspruch. Die Verfügungsmacht über den staatlichen Rechtsschutz ist für *Kelsen* das Merkmal des subjektiven Rechts (ähnlich auch *Nawiasky*, Allgemeine Rechtslehre², S. 155, 156; *Engisch*, Einführung in das juristische Denken⁴ [1968], S. 26; aber auch *Zitelmann*, Internationales Privatrecht, S. 53; *Esser*, Einführung in die Grundbegriffe des Rechts und Staates [1949], S. 158; *Hubmann*, Das Persönlichkeitsrecht [1953], S. 117 - 118; *Zitting*, An attempt to analise the owners legal position, Scandinavian Studies in Law 1959, S. 227 [232]; *Kummer* [Anwendungsbereich und Schutzgut der privatrechtlichen Rechtssätze gegen unlauteren und freiheitsbeschränkenden Wettbewerb (1960), S. 96] sieht ein Wesensmerkmal des subjektiven Rechts in der Verfügungsmacht über den Rechtsschutz, wenngleich auch *Kummer* in der Verfügung über die Berechtigung selbst ebenso ein wesentliches Begriffsmerkmal erblickt).
Windscheids Begriff ist dagegen bedeutend weiter: Er unterscheidet zwei Kategorien subjektive Rechte: Rechte auf ein Verhalten anderer Personen und Rechte auf eigenes Verhalten (*Windscheid/Kipp*, Pandekten I⁹, S. 155, 156; allerdings gibt *Kipp* diese zweite Kategorie subjektiver Rechte in der 9. Auflage auf [163]). Subjektive Rechte auf fremdes Verhalten liegen dann vor,

c) Die Frage nach der Richtigkeit der Prämissen in Kelsens Lehre

Aber auch gegenüber *Kelsens* eigener Theorie wurden — trotz ihrer logischen Stimmigkeit — gerade aus der Sicht des Privatrechts Einwände erhoben. Und in der Tat ist *Kelsens* Satz[25]: „Das Wesen des für das Privatrecht charakteristischen subjektiven Rechts im spezifischen technischen Sinne besteht somit darin, daß die Rechtsordnung einem nicht als Organ der Gemeinschaft qualifizierten, in der traditionellen Theorie als „Privatperson" bezeichneten Individuum, dem gegenüber ein anderes zu einem bestimmten Verhalten verpflichtet ist, die Rechtsmacht verleiht, die Nichterfüllung dieser Pflicht durch Klage geltend zu machen, das heißt, das Verfahren in Bewegung zu setzen, das zur Setzung der Gerichtsentscheidung führt, in der eine konkrete Sanktion, als Reaktion gegen die Pflichtverletzung, statuiert wird", nur dann richtig[26], wenn eine weitere Prämisse *Kelsens* stimmt: daß nämlich das dem verpflichtenden Verhalten korrespondierende Verhalten des Individuums, dem gegenüber die Pflicht besteht, auch im Bereich des Privatrechts, in dem Verhalten schon mitbestimmt ist, das den Inhalt der

---

wenn es die Rechtsordnung dem Berechtigten überläßt, von dem Befehl zu einem bestimmten Verhalten Gebrauch zu machen, insbesondere „ob er die ihm gegen den Widerstrebenden von der Rechtsordnung gewährten Mittel zur Anwendung bringen will oder nicht". Subjektive Rechte der zweiten Kategorie liegen vor, wenn dem Berechtigten ein maßgeblicher Wille nicht zur Durchsetzung, „sondern für das Sein von Befehlen der Rechtsordnung" gegeben ist. Subjektive Rechte dieser Art sind Rechte der ersten Art zu begründen, zu beenden und zu übertragen. Diese Kategorie subjektiver Rechte, dürfte auch *Seckel*, Die Gestaltungsrechte des bürgerlichen Rechts (Neudruck 1954), S. 5 FN 2 anerkennen, wenn er meint, daß auch die konkrete Handlungsfähigkeit unter den Begriff des subjektiven Rechts fallen dürfte.

Die Ansicht *Kelsens* (Hauptprobleme, S. 591), daß *Windscheid* auch die Genußhandlungen hinsichtlich der „rechtlich geschützten Güter" unter die zweite Kategorie der subjektiven Rechte subsumieren wolle, ist angesichts der klaren Stellungnahme *Windscheids,* das dingliche Recht habe nur negativen, die anderen ausschließenden Charakter, nicht haltbar (*Windscheid/Kipp*, Pandekten I⁹, S. 167 FN 2). Weiters mißversteht *Kelsen Windscheid,* wenn er aus der zweiten Kategorie der subjektiven Rechte, die die Begründung, Beendigung und Übertragung subjektiver Rechte auf fremdes Verhalten, ableiten will, daß *Windscheid* die Fähigkeit, Handlungen mit Rechtsfolgen zu setzen, als subjektives Recht begreifen wolle. Denn auch die Schadenszufügung ist Handlung mit Rechtsfolgen und es wäre absurd anzunehmen, *Windscheid* hätte ein subjektives Recht auf Schadenszufügung annehmen wollen. Vielmehr verbirgt sich hinter dieser gewiß unklaren Formulierung ein völlig neuer Gedanke, den jüngst *Adomeit* konsequent zu Ende gedacht hat: Die Privatautonomie nicht nur als objektives Prinzip, sondern „funktionskonform" als subjektives Recht zu begreifen, indem man sie „zum Gestaltungsrecht qualifiziert" (*Adomeit*, Gestaltungsrechte, Rechtsgeschäfte, Ansprüche [1969], S. 12; vgl. allerdings zu *Adomeits* Versuch die ablehnenden Stellungnahmen von *Böhm,* JZ 1970, S. 767 - 770; *Söllner,* AcP 170, S. 76 - 78) und unten VIII, bei FN 21.

[25] *Kelsen*, Reine Rechtslehre², S. 141.
[26] Oder wie man bei einer rechtsformalen Betrachtungsweise sagen müßte: zweckmäßig.

Pflicht bildet[27]. Nur wenn auch im privatrechtlichen Bereich das Verhalten des Berechtigten durch das Verhalten des Verpflichteten erschöpfend bestimmt ist, vermag *Kelsens* subjektives Recht als Verfügungsmacht über den Rechtsschutz die Erscheinung des subjektiven Rechts im Privatrecht befriedigend zu deuten. Nur dann ist *Kelsen* zuzustimmen, daß das private subjektive Recht sich darin erschöpft, daß die Rechtsordnung den Gläubiger ermächtigt, an der Erzeugung der individuellen Rechtsnorm der Gerichtsentscheidung durch Einbringung einer Klage mitzuwirken, um dadurch die Nichterfüllung der Rechtspflicht des Schuldners, ihm eine bestimmte Leistung zu erstatten, geltend zu machen[28].

*d) Buchers Einwände gegen Kelsens Lehre
und deren Widerlegung*

Vor allem *Bucher* hat die Richtigkeit dieser *Kelsen*schen Prämisse bezweifelt. Dem privatrechtlichen Praktiker sei es keinen Augenblick zweifelhaft, daß immer dann, wenn er das Vorliegen eines „Rechts" annehme, der Wille des Rechtsträgers in grundlegender Weise bestimme, welches Verhalten der gegenüberstehende Partner schließlich zu beobachten habe[29]. Allerdings geht dieser Angriff *Buchers* ins Leere. Er verkennt, daß auch nach *Kelsen* im privatrechtlichen Bereich dem Willen des einzelnen Normgeltung zukommt und somit der Wille des Berechtigten den Inhalt der Pflichten des gegenüberstehenden Partners auch nach *Kelsens* Ansicht bestimmt, ja in vielen Fällen die Pflicht überhaupt erst konstituiert. Denn *Kelsen* hat schon vor *Bucher* erkannt, daß die Rechtsordnung — um mit *Buchers* Worten zu sprechen[30] — den Willen des einzelnen nicht nur als Faktum auffassen könne, um daran normative Folgen zu knüpfen, sondern daß vielmehr der Wille des Menschen — da ihm dieselbe logische Struktur wie der Rechtsordnung zukomme — auch durch Zuordnung zu einem Bestandteil der Rechtsordnung erhoben werden könne, „weil er im Gegensatz zu menschlichem Verhalten und Naturereignissen seinerseits Norminhalt sein kann". Gerade deshalb hat ja auch *Kelsen* das privatautonome Rechtsgeschäft in den normativen Delegationszusammenhang des Stufenbaues der Rechtsordnung stellen können, eben weil er das Rechtsgeschäft als normerzeugenden Tatbestand erkannt hat[31]. Durch die von der objektiven Rechtsordnung gewährte Kompetenz zur Normerzeugung sind die einzelnen ermächtigt, ihre gegenseitigen Pflichten selbst zu normieren. Wie sonst durch objektive Normen, wird im privatrechtlichen Bereich durch rechtsgeschäft-

---

[27] *Kelsen*, Reine Rechtslehre², S. 132.
[28] *Kelsen*, Reine Rechtslehre², S. 144.
[29] *Bucher*, Normsetzungsbefugnis, S. 64.
[30] *Bucher*, Normsetzungsbefugnis, S. 45, 59.
[31] *Kelsen*, Reine Rechtslehre², S. 261 - 266.

VI. Kritische Analyse der Lehren Kelsens und Buchers

lich erzeugte Normen die Verhaltensweise des Verpflichteten erschöpfend bestimmt[32]. Denn auch im privatrechtlichen Bereich bindet sich bei normativer Anschauung nicht der Verpflichtete selbst, sondern die Partei eines Rechtsgeschäfts richtet an den Partner die Aufforderung, sich in gewünschter Weise zu verhalten, also einen Rechtsbefehl, dessen subjektiver Sinn ein Sollen ist. Die Anordnung der einen Partei an den Partner, deren subjektiver Sinn ein Sollen ist, wird freilich erst dadurch zu einem Rechtsbefehl, d. h. zu einem den Partner verbindlichen Sollen, wenn dieser Anordnung auch die Qualität eines Sollens im objektiven Sinn zukommt[33]. Diese Qualität kommt ihr dann zu, wenn sie der Rechtsordnung zurechenbar ist. Der Rechtsordnung zurechenbar ist eine solche Anordnung, wenn sie bei ihrer Setzung den Bedingungen entspricht, die die höherrangige Norm für das Zustandekommen eines rechtsgeschäftlichen Tatbestandes verlangt[34] und wenn die höherrangige Norm die Setzung des rechtsgeschäftlichen Tatbestandes zusammen mit dem rechtsgeschäftswidrigen Verhalten zur Bedingung einer Zivilsanktion macht.

Bucher dagegen meint, daß sich im privaten Rechtsgeschäft jeder Vertragspartner selbst zu normgemäßem Verhalten verpflichtet. Durch diese autonome Selbstbindung mittels einmaliger rechtsgeschäftlicher Willenserklärung werde die Ausübung der dadurch entstandenen subjektiven Rechte durch Äußerung eines Willens, der für den Verpflichteten Verhaltensnorm sei, ermöglicht[35]. Durch das Rechtsgeschäft werden nach *Buchers* Konzeption nur potentielle Verhaltenspflichten statuiert, die erst durch die Ausübung des eingeräumten subjektiven Rechts zu aktuellen Verhaltensnormen werden, da die „letzten konkret-individuellen Verhaltensnormen nicht nur nicht durch das objektive Privatrecht sondern auch nicht durch Verträge entstehen"[36].

Jedoch ist nicht einzusehen, warum durch die — wenn auch rechtsgeschäftlich erzeugte — Norm die Pflicht des Normadressaten nicht erschöpfend bestimmt sein könne, zumal gerade im hauptsächlichen Typus des Rechtsgeschäfts — dem Vertrag — durch die gegenseitige Statuierung von Verhaltensnormen die Pflichten derart konkretisiert[37]

---
[32] Für den Fall, daß die Parteien gewisse Punkte ihres Rechtsverhältnisses nicht geregelt haben, greift das dispositive Gesetzesrecht vertragsergänzend ein.
[33] Siehe III, FN 2 (Ende).
[34] Zu diesen Bedingungen gehört auch, daß der Normadressat den Willen hat, sich zu verpflichten. Will sich der Normadressat nicht verpflichten, ist zwar die an ihn gerichtete Sollensanordnung nach ihrem subjektiven Sinn Norm; nicht aber nach ihrem objektiven Sinn, da sie mangels einer von der objektiven, höherrangigen Norm aufgestellten Zurechnungsbedingung, der Rechtsordnung nicht zugerechnet werden kann.
[35] *Bucher*, Normsetzungsbefugnis, S. 88.
[36] *Bucher*, Normsetzungsbefugnis, S. 89.
[37] H. J. Wolff, Verwaltungsrecht I[8], S. 289.

und damit im *Bucher*schen Sinn aktualisiert sind, daß eine zusätzliche Aktualisierung durch Anspruchserhebung von seiten des jeweils Berechtigten gekünstelt erscheinen muß. Und in der Tat muß auch *Bucher* selbst zugestehen, daß in vielen Fällen der Berechtigte gar keinen Willen mehr äußern müsse, um sein Recht wirksam werden zu lassen, weil eben der Vertrag die Rechtslage abschließend klärt und es ist — wie *Adomeit* richtig gesehen hat[38] — durchaus unzweckmäßig, diese Tatsache als „Vermutung einer bestimmten Anspruchserhebung" zu qualifizieren[39]. Ist aber auch im privatrechtlichen Bereich — zumindest im Regelfall — die Verhaltenspflicht des jeweiligen Verpflichteten bestimmt, spricht in der Tat nichts dagegen, das Recht des jeweiligen Normsetzers als bloßen Reflex der Pflicht des Normadressaten zu bezeichnen, sofern nicht dem Normsetzer durch die objektive Normordnung das Recht eingeräumt ist, die Pflicht durch Klage geltend und dadurch die rechtsgeschäftlich erzeugte Norm zu „seinem Recht" zu machen. Es zeigt sich also, daß auch nach *Kelsens* Konzeption das Verhalten des jeweils Verpflichteten durchaus vom Willen des jeweiligen Rechtsträgers abhängt, nämlich insoweit, als er das Verhalten des Verpflichteten normiert, das heißt die Norm erläßt, die seinen Partner zu einem bestimmten Verhalten verpflichtet. Damit ist aber nicht immer schon gesagt, daß die Verhaltenspflicht des Verpflichteten insofern „sein Recht" ist, als er das Verhalten des Verpflichteten verlangen kann. Man denke nur an den Vertrag zugunsten Dritter, in dem der Normsetzer dem Verpflichteten ein Verhalten statuiert, das er einem anderen gegenüber an den Tag zu legen hat. Daraus läßt sich nicht normlogisch zwingend ableiten, daß diese Pflicht das Recht des Normsetzers ist; vielmehr käme auch der Begünstigte als Träger des subjektiven Rechts in Frage. Wem nun die Pflicht als *sein* subjektives Recht zukommt, vermag demnach letztlich wieder nur die objektive Normordnung zu entscheiden, indem sie die Klagebefugnis zuspricht[40].

*e) Adomeits Einwände gegen Kelsens Lehre
und deren Widerlegung*

Nun kann man freilich mit *Adomeit*[41] berechtigterweise fragen, ob dieser Begriff des subjektiven Rechts für das Privatrecht zweckmäßig ist. Allerdings kann *Adomeits* Kritik schon von ihrem Ansatz her *Kelsens* Lehre nicht treffen. *Adomeit* unterstellt *Kelsen*, er übersehe, „daß die Person des Berechtigten nicht erst mit der Klagserhebung

---

[38] *Adomeit*, Gestaltungsrecht, S. 30.
[39] So aber *Bucher*, Normsetzungsbefugnis, S. 68.
[40] Dagegen spricht auch nicht, daß gerade beim Vertrag zugunsten Dritter das Gesetz den Parteien die Disposition über die Klagebefugnis einräumt (vgl. § 881 ABGB).
[41] *Adomeit*, Gestaltungsrechte, S. 32.

hervortritt". „Seine Befugnis, vom Verpflichteten das normgemäße Verhalten zu verlangen, umfaßt eine Vielzahl von Aktivitäten, die auf die Verwirklichung der Rechtslage gerichtet sind." Diese „Aktivitäten des Berechtigten" hat aber *Kelsen* durchaus als rechtlich relevant anerkannt. Denn nach seinen eigenen Worten „ist das subjektive Recht nicht erst existent, sobald — wie die Romanisten sagen — actio nata est, sondern schon vorher. Das Recht z. B. auf Rückgabe eines Darlehens ist schon mit Hingabe desselben und nicht erst mit der Fälligkeit gegeben, denn ein Recht auf Rückgabe eines Darlehens haben, heißt nichts anderes, als mangels Rückzahlung durch Erhebung der actio die Realisierung der Unrechtsfolge herbeiführen *können*"[42]. Demnach muß das Verlangen nach normgemäßem Verhalten nicht notwendig durch Klage geltend gemacht werden — sie steht dem Berechtigten wohl als durchschlagendstes Mittel[43] zur Verfügung —, vielmehr kann dies auch durch Mahnung, Zusendung einer Rechnung, im Wege der Verteidigung, gegebenenfalls durch Aufrechnung und unter Umständen auch im Wege der Selbsthilfe geschehen[44]. Durch die *Klagemöglichkeit* wird die verpflichtende Rechtsnorm subjektiviert. Dadurch werden aber nicht nur die Klagserhebung, sondern auch alle übrigen Ansprüche, mit denen der Berechtigte das pflichtgemäße Verhalten fordert, *rechtlich relevant*, während diese Ansprüche ohne eine solche zwar nicht rechtswidrig, jedoch rechtlich irrelevant wären.

3. Kritische Würdigung der Lehre Buchers[45]

Der Haupteinwand gegen *Buchers* Lehre ist am schärfsten von *Kasper*[46] formuliert und am ausführlichsten begründet worden: *Buchers* Denkmodell gehe für die Begriffsbildung des subjektiven Rechts von dem zum einseitigen, nicht aber rechtsgeschäftlichen Erlaß von Imperativen befähigten einzelnen aus und erreiche deshalb den einzelnen privatrechtlich nicht in seinem eigentlichen Kraftfeld eigenverantwortlicher Beteiligung an der Setzung von Rechtsnormen.

In der Tat führt nun *Buchers* Denkmodell zu ungewöhnlichen Konsequenzen. Für *Bucher* statuiert sowohl die objektive als auch die rechtsgeschäftlich erzeugte Norm keine unmittelbaren Verhaltenspflichten. Normen dieser Art sind für *Bucher* Ermächtigungsnormen, die es dem einzelnen ermöglichen, durch einen weiteren Willensakt (Anspruchs-

---

[42] *Kelsen*, Hauptprobleme², S. 626. Hervorhebung von mir.
[43] So schon *Thon*, Rechtsnorm, S. 226.
[44] So *Lehmann/Hübner*, Allgemeiner Teil¹⁶, S. 95.
[45] Hier sollen nur kurz einige wesentliche Einwände gegen die Lehre *Buchers* aufgezeigt werden, die sich nicht auf seinen Eigentumsbegriff beziehen. Diese Frage wird im nächsten Punkt ausführlich behandelt.
[46] *Kasper*, Das subjektive Recht, S. 143 - 152, insb. 146 - 152.

erhebung)⁴⁷ für den Verpflichteten unmittelbar wirkende Verhaltensnormen (Ansprüche)⁴⁸ zu setzen, um aus dem Kreis der „potentiellen Pflichten" die für den Verpflichteten „aktuellen Pflichten" zu konkretisieren⁴⁹. Nun sieht auch *Bucher*, daß es häufig Fälle gibt, in denen der Berechtigte seinen Willen gar nicht äußern muß, um sein Recht wirksam werden zu lassen⁵⁰ und er erkennt, daß diese Tatsache seine These in Frage stellen könnte.

Dabei gilt es für *Bucher* mit zwei Schwierigkeiten fertig zu werden. Einmal ist es für *Bucher* vom Standpunkt seiner Theorie aus schwierig zu erklären, warum ein Dritter das Eigentum einer Person auch dann nicht verletzen dürfe, wenn der Eigentümer nicht durch eine besondere Willensäußerung erkennbar kundgibt, daß er die Verletzung seines Eigentumsrechtes nicht dulde. Offenbar bedarf es hier keiner Willensbetätigung des Berechtigten, die die durch die objektive Verbotsnorm statuierten potentiellen Pflichten in eine aktuelle Pflicht des betreffenden Störers umwandelt. Um diese Schwierigkeit zu lösen, behilft sich *Bucher* mit einer Fiktion: Bei den meisten auf Sachherrschaft gerichteten absoluten Rechten bestehe eine, auf der allgemeinen Lebenserfahrung gegründete widerlegliche Vermutung, daß der Berechtigte die in dem betreffenden subjektiven Recht enthaltene Normsetzungsbefugnis ausüben werde⁵¹. Freilich ist in diesem Fall nicht mehr der Wille des Berechtigten die Verhaltensnorm für den Verpflichteten, sondern die widerlegliche Vermutung einer bestimmten Anspruchserhebung. Schon diese Fiktion hätte *Bucher* — um mit *Kelsen* zu sprechen⁵² — „wie eine Warnungstafel die Stelle bezeichnen müssen, an der die juristische Konstruktion verunglückt ist"⁵³.

Aber noch mit einer zweiten Schwierigkeit hat *Bucher* zu kämpfen. Von seinem Standpunkt aus folgerichtig nimmt er an, daß auch durch einen Vertrag, der die Rechte und Pflichten der Vertragspartner bis ins kleinste Detail bestimmt, noch keine endgültig verpflichtenden Verhaltensnormen entstehen, sondern erst durch den Willen der ihre ver-

---

⁴⁷ *Bucher*, Normsetzungsbefugnis, S. 67.
⁴⁸ *Bucher*, Normsetzungsbefugnis, S. 67.
⁴⁹ Anders jedoch *Kelsen*, der, indem er das Rechtsgeschäft als normerzeugenden Tatbestand anerkennt, schon durch die privatautonome Normsetzung für den Verpflichteten Verhaltenspflichten entstehen läßt. Allerdings sind die rechtsgeschäftlich erzeugten Normen für *Kelsen* nur unselbständige Rechtsnormen, da die Sanktionen auf ihre Verletzung in den generellen Rechtsnormen statuiert sind (*Kelsen*, Reine Rechtslehre², S. 261, 262).
⁵⁰ Der Eigentümer muß niemanden besonders darauf aufmerksam machen, daß er eine Beschädigung der in seinem Eigentum stehenden Sache nicht dulde. Beim kalendermäßig fixierten Darlehen muß der Schuldner ohne Mahnung die Darlehensvaluta zurückbezahlen.
⁵¹ *Bucher*, Normsetzungsbefugnis, S. 68, 69.
⁵² *Kelsen*, Hauptprobleme², S. 577 gegen *Thon*.
⁵³ Für *Bucher* freilich ist eine „Fiktion weder schädlich noch unwissenschaftlich, wenn sie als solche erkannt wird" (Normsetzungsbefugnis, S. 104).

VI. Kritische Analyse der Lehren Kelsens und Buchers

traglich eingeräumten Rechte ausübenden Parteien. Freilich vermag er diese Konsequenz seiner Theorie nur durch die nicht näher begründete Behauptung abzustützen, daß auch Verträge — ebensowenig wie Gesetze — das Verhalten der vertraglich verpflichteten Parteien nicht in allen Einzelheiten festlegen können. Doch muß auch *Bucher* zugeben, daß die „herkömmliche Vorstellung", daß durch Rechtsgeschäfte wie Verträge unmittelbar eine rechtliche Verhaltensordnung begründet werde, „einer Großzahl von Problemen gerecht" werde; sie sei jedoch als abkürzende Betrachtungsweise normlogisch ungenau[54].

Ich meine dagegen, daß die „herkömmliche Betrachtungsweise" bei den auf Sachherrschaft gerichteten absoluten Rechten und bei den durch Verträge hinreichend präzisierten Verhaltenspflichten der Vertragspartner auch normlogisch genau ist und vielmehr *Buchers* eigene Auffassung die normlogische Deutung dieser Sachverhalte unnötig kompliziert. M. E. erfolgt nämlich in diesen Fällen die Ermittlung der individuell-konkreten Norm, also der aktuellen Pflicht durch einfache Subsumtion[55], ohne daß es der Einschaltung des Willens des Berechtigten überhaupt bedürfte[56].

Außerdem gerät *Bucher* durch das einseitige Abstellen auf den Willen des Berechtigten zur Statuierung der aktuellen Pflichten mit dem positiven Recht in Widerspruch, da in vielen Fällen der Normsetzungswille des Berechtigten nicht einmal die Geltung der konkret-individuellen Norm begründen, geschweige denn deren Inhalt auszugestalten vermag. So ist beim kalendermäßig befristeten Darlehen der Schuldner ohne Mahnung des Gläubigers verpflichtet, bei sonstigen Verzugsfolgen zu bezahlen[57]. Übt der Gläubiger ein Forderungsrecht nicht aus, braucht der Schuldner der Nichtausübung des Forderungsrechtes nicht tatenlos gegenüberstehen, sondern er kann hinterlegen und den Gläubiger in Annahmeverzug setzen[58]. Für das deutsche Recht ist es auch unbestritten, daß sich der Schuldner einen Erlaß der Forderung nicht aufdrängen lassen muß. § 379 BGB stellt auch hier das Vertragsprinzip ab[59]. Außer-

---

[54] *Bucher*, Normsetzungsbefugnis, S. 89.
[55] Auch die Anwendung genereller Normen durch den Richter ist Erzeugung einer individuellen Norm (vgl. dazu *Kelsen*, Reine Rechtslehre², S. 240, 242; ebenso *Adomeit*, Rechtsquellenfragen, S. 104, 105).
[56] So auch schon *Kasper*, Das subjektive Recht, S. 149, dem sich *Pieper*, AcP 168, S. 534, angeschlossen hat.
Die Verhaltenspflicht des Nichteigentümers das Eigentum eines anderen nicht zu beinträchtigen ergibt sich daraus, daß ein bestimmtes Verhalten des Nichteigentümers durch die Subsumtion unter die Verbotsnorm als normwidrig erscheint. Die aktuelle Verhaltenspflicht eines Vertragspartners ergibt sich daraus, daß durch die Subsumtion eines andersartigen Verhaltens unter die Vertragsnorm dieses als vertragswidrig erscheint.
[57] § 1334 ABGB, § 284 Abs. 2 BGB.
[58] § 1425, § 1419 ABGB; §§ 372 ff. BGB.
[59] Wohl paßt *Buchers* Konzeption in diesem Fall für das österreichische Recht, da § 1444 ABGB den Verzicht durch einseitige Erklärung zuläßt.

dem kann *Bucher* den alltäglichen Fall, daß der Schuldner ohne Aufforderung rechtswirksam leistet — und daher die Forderung auch nicht nach § 1432 ABGB zurückfordern kann —, nicht befriedigend erklären, weil nach *Bucher* die aktuelle Pflicht vor der Inanspruchnahme durch den Gläubiger noch nicht besteht[60].

Ein weiterer Nachteil der *Bucher*schen Lehre liegt vor allem darin, daß sein Begriff des subjektiven Rechts nur auf einen engen Bereich von rechtlichen Gegebenheiten paßt, bei denen die „Willensmacht" eine entscheidende Rolle spielt. *Koziol*[61] sieht es als bedenklich an, daß nach der Konzeption *Buchers* die Gestaltungsrechte aus dem Kreis der subjektiven Rechte herausfallen, da sich *Bucher* — weil den Gestaltungsrechten kein Pflichtbereich entspreche[62] — durch seine imperativistische Konzeption des Rechtssatzes daran gehindert sehe, die in Ausübung eines Gestaltungsrechtes abgegebene Willenserklärung als Norm anzusehen[63].

Besonders nachteilig wirkt sich aber *Buchers* Lehre auf die Erfassung der privatautonomen rechtsgeschäftlichen Rechtssetzung aus. Da er — wie oben gezeigt — der Auffassung ist, daß sich die endgültig verpflichtende Rechtsnorm nicht als Folge des Rechtsgeschäfts, sondern erst durch einen zweiten Willensakt der Partei, nämlich durch die Ausübung der vertraglich eingeräumten Rechte ergebe, sieht er sich auch gehindert[64], schon das Schuld- und Vertragsverhältnis als verbindliche Verhaltensordnung anzusehen[65]. Deshalb gelingt es ihm auch nicht, gerade den Teil der Rechtsordnung, in dem der Parteiwille eine besonders prägende Kraft entfaltet, befriedigend in die Normordnung einzugliedern, da durch die Betätigung des Parteiwillens im Bereich der privatautonomen Rechtssetzung keine unmittelbaren Verhaltenspflichten, sondern lediglich heteronome Normsetzungsbefugnisse entstehen[66]. Bedenkt man noch, daß — wie oben gezeigt — in einer großen Zahl von Fällen die Ausgestaltung der individuell-konkreten Norm (der aktuellen Pflicht) nicht, wie *Bucher* annimmt, durch die Willensäußerung des Berechtigten, sondern durch bloße Subsumtion erfolgt, erhebt sich in der Tat die Frage, ob *Buchers* Begriff des subjektiven

---

[60] Vgl. auch *Huber*, Rechtstheorie 1971, S. 248, der andererseits mit Recht darauf hinweist, daß *Buchers* Konzeption gerade für die Dogmatik der Leistungsstörungen und für das Schadenersatzrecht zu einer notwendigen Neubestimmung der Begriffe führen könnte.
[61] *Koziol*, JBl. 1966, S. 279; ebenso *Pieper*, AcP 168, S. 535.
[62] *Bucher*, Normsetzungsbefugnis, insbes. S. 89 - 93; aber auch S. 108, 109, 132, 133 FN 2.
[63] Anders *Adomeit*, der gerade im Gestaltungsrecht eine Normsetzungsbefugnis sieht (Gestaltungsrechte, S. 31).
[64] *Bucher*, Normsetzungsbefugnis, S. 87 - 89.
[65] *Pieper*, AcP 168, S. 535.
[66] *Bucher*, Normsetzungsbefugnis, S. 88.

Rechts den „zentralen privatrechtlichen Ordnungsgedanken der Selbstbestimmung des einzelnen" darzulegen vermag[67].

VII. Die right-privilege-Struktur des subjektiven Rechts — Zur Doppelstruktur des subjektiven Rechts aus rechtsformaler Sicht

Die gegen *Kelsens* und *Buchers* rechtsformale Erfassung des subjektiven Rechts vorgebrachten Einwände haben die für unsere Frage entscheidende Problematik in der Lehre dieser beiden Autoren noch nicht berührt. Denn im Rahmen dieser Untersuchung wurde bisher noch nicht bezweifelt, daß dem subjektiven Recht kein anderes Wesensmerkmal zukäme, als die Möglichkeit, gegenüber anderen Personen zu gebieten und zu verbieten, bzw. die Einhaltung der Gebote und die Respektierung der Verbote zu verlangen. Als Folge davon ergibt sich — wie wir oben gesehen haben[1] —, daß sich das Eigentumsrecht in einem absoluten Ausschlußrecht erschöpft.

Indessen ist diese Ansicht nicht unbestritten, und es fehlt nicht an Stimmen, die neben der Befugnis, den anderen Rechtsgenossen zu gebieten und zu verbieten, auch noch den Freiheitsbereich des Berechtigten, das heißt, die Erlaubnis für den subjektiv Berechtigten, gerade die Tatbestände zu setzen, die die übrigen Rechtsgenossen nicht setzen dürfen, als normativ relevantes Merkmal des subjektiven Rechtes anerkennen. Das subjektive Recht hat demnach eine Doppelstruktur: Gebots- und Verbotsfunktion gegenüber den übrigen Rechtsgenossen, und Dürfensfunktion für den subjektiv Berechtigten.

Es versteht sich von selbst, daß ein so verstandener Begriff des subjektiven Rechts auch die rechtsformale Eigentumsdefinition entscheidend umgestalten muß. Auch das Eigentumsrecht erhält eine normative Doppelstruktur: Das Eigentumsrecht ist nicht nur Ausschlußrecht; auch die Befugnis des Eigentümers, mit der Sache nach Belieben zu verfahren, die Sachherrschaft, wird dadurch ebenfalls zum normativ relevanten Begriffsmerkmal. Auch der zweite Teil der Eigentumsdefinition des § 354 ABGB wird dadurch normlogisch sinnvoll.

1. Die besondere Bedeutung der right-privilege-Struktur bei dinglichen Rechten

Die Frage, ob die Tatsache, daß der subjektiv Berechtigte Tatbestände setzen darf, die die übrigen Rechtsgenossen nicht setzen dürfen, zum

---
[67] *Kasper,* Das subjektive Recht, S. 151. Freilich kann *Kasper* nicht zugestimmt werden, wenn er meint, *Buchers* Begriff des subjektiven Rechts passe nur auf relativ unbedeutende Willensäußerungen „wie Mahnung, Rüge, Mitteilungen und Aufforderungen". Immerhin fällt auch die Klagserhebung unter den *Bucher*schen Begriff.
[1] Siehe IV, 3; V, 2; VI, 1.

Begriff des subjektiven Rechts gehört, stellt sich mit besonderer Schärfe bei dinglichen Rechten. Das hat allerdings keinen rechtsformalen, sondern einen teleologischen Grund.

Schon früh ist erkannt worden[2], daß die dinglichen Rechte, anders als die obligatorischen, grundsätzlich keine Ansprüche auf positive Leistung verleihen. Der Grund dafür ist im besonderen Zweck der dinglichen Rechte zu sehen. Dingliche Rechte haben die Aufgabe, dem einzelnen einen bestimmten sachlichen Bereich zur eigenen, ausschließlichen Verfügung auszugrenzen. Dieser Bereich wird dem Rechtsträger — normativ betrachtet — durch Verbote an die übrigen Rechtsgenossen, diesen Bereich nicht zu beeinträchtigen, zugeordnet. Das hat nun zur Folge, daß dadurch eine besondere, von anderen Rechten und Rechtsverhältnissen unabhängige[3] unmittelbare Beziehung des dinglich Berechtigten zum Rechtsobjekt, der Sache, geschaffen wird, auf die der Berechtigte durch Nutzung und Genuß einwirken kann. Die Beziehung des Berechtigten zum Rechtsobjekt tritt deshalb besonders auffällig zu Tage[4]. Nun spricht man freilich auch bei obligatorischen Rechten vom Rechtsobjekt. Allerdings spielt bei diesen das Rechtsobjekt (etwa der Gegenstand einer Forderung) keine so charakteristische Rolle, weil der Berechtigte — sieht man als Rechtsobjekt wiederum eine Sache an — zu dieser nur in einer mittelbaren Beziehung steht, da dessen „Sachherrschaft" noch davon abhängt, ob der Schuldner die in seinem ausschließlichen Willensbereich liegende Verpflichtung erfüllt[5].

Steht demnach die direkte, nicht durch die Leistungspflicht einer anderen Person vermittelte Verfügungsmacht über die Sache bei den dinglichen Rechten — teleologisch gesehen — im Vordergrund, so ist es verständlich, daß man versucht hat, gerade die Beziehung des dinglich Berechtigten zur Sache normativ zu deuten.

Da aber das dingliche Rechte einen Unterfall des subjektiven Rechts darstellt, reiht sich die Frage, ob die Sachherrschaft zum normativen Merkmal des dinglichen Rechts erhoben werden kann, in den größeren

---

[2] *Windscheid/Kipp,* Pandekten I⁹, S. 167; *Arndt,* Pandekten [13], S. 27, 28 FN 2; *Schwind,* Die Reallastenfrage, JhJb. 33 (1894), S. 108.

[3] *Wolff/Raiser,* Sachenrecht¹⁰, S. 8 insb. FN 1; *Raape,* Aneignungsüberlassung, JhJb. 74, (1924), S. 179 (222 - 227); ähnlich auch *Dulkeit,* Die Verdinglichung obligatorischer Rechte (1951), S. 48.

[4] Daraus erklärt sich wohl auch, daß gerade bei den dinglichen Rechten das Rechtsobjekt mit dem Recht selbst identifiziert wird; vgl. dazu *Bucher,* Normsetzungsbefugnis, S. 113 - 121.

[5] Deshalb muß auch *Fabricius* (Zur Theorie des stückelosen Effektengiroverkehrs mit Wertrechten aus Staatsanleihen, AcP 162, S. 456 [473]) — um auch bei den obligatorischen Rechten eine Unmittelbarkeit der Objektbeziehung annehmen zu können — als Rechtsobjekt das Interesse des Gläubigers an der Geltendmachung der Verpflichtung ansehen. Gerade das zeigt aber mit besonderer Deutlichkeit, daß sich die dinglichen Rechte — teleologisch betrachtet — durch die unmittelbare Zuordnung eines sachlichen Bereiches zur alleinigen Herrschaft einer bestimmten Person auszeichnen.

Fragenkreis nach der normlogischen Bedeutung des „Dürfen" bei subjektiven Rechten ein.

Wenn das Verfügendürfen des Berechtigten über das Rechtsobjekt ein normatives Merkmal des subjektiven Rechts sein soll, so muß man sich darüber klar sein, daß — wenn auch im folgenden aus den oben dargelegten Gründen das dingliche Recht als Modellfall herangezogen wird — das Verfügendürfen über das Rechtsobjekt auch bei den obligatorischen Rechten ein normatives Merkmal darstellen muß[6].

2. Zur Anerkennung des Verfügendürfens als normatives Element des subjektiven Rechts in der neuen Lehre[7]

a) Kritische Würdigung der Lehre Schmidts

Die Ansicht, daß das Verfügendürfen des Berechtigten zum normativen Gehalt des subjektiven Rechts gehört, hat gerade in jüngster Zeit in Jürgen *Schmidt*[8] einen entschiedenen Verfechter gefunden. Obgleich er — nach eigener Aussage — die Aufgabe seiner Arbeit nicht in einer rechtsformalen Erfassung, sondern in der Deutung der materialen Struktur des subjektiven Rechts, das heißt in seiner sozialen Relevanz[9] sieht, stellt er doch eine normative Betrachtung des subjektiven Rechts an den Beginn[10] seiner Ausführungen[11]. Gerade dieser formalen Erfassung des subjektiven Rechts hat U. *Huber*[12] in der — soweit ich sehe — bisher einzigen Auseinandersetzung mit der Lehre *Schmidts* zugestimmt. Für uns ist *Schmidts* Untersuchung vor allem deshalb von besonderem Interesse, weil er die hier zu erörternde Frage schon im Ausgangspunkt

---

[6] Wobei es aber jetzt noch nicht entschieden ist, ob man bei obligatorischen Rechten das Rechtsobjekt in der Verpflichtung des Schuldners, im Interesse des Gläubigers an der Geltendmachung der Verpflichtung oder in der durch die Leistungspflicht des Schuldners vermittelten Sache sieht.
[7] Eine Erörterung desjenigen Teiles der älteren Lehre, die das Verfügendürfen als wesentlich für das subjektive Recht angesehen hat, wird sich zwangsläufig aus der Auseinandersetzung mit den neuen Lehren ergeben, die eine right-privilege-Struktur des subjektiven Rechts annehmen.
[8] *J. Schmidt*, Aktionsberechtigung und Vermögensberechtigung (1969). So auch schon *Binding*, Handbuch des Strafrechts I (1885), S. 157 FN 8 und neuerdings bei *Larenz*, Allgemeiner Teil[2], S. 151, neben den unter Punkt VII, 2, a angeführten Autoren.
[9] *Schmidt*, Aktionsberechtigung, S. 12.
[10] *Schmidt*, Aktionsberechtigung, S. 17 - 37.
[11] Der eigentliche Zweck der Arbeit, die materielle Struktur der Berechtigung zu ergründen, führt — in aller Kürze zusammengefaßt — zu folgendem Ergebnis: Das private subjektive Recht ist nicht ein homogenes, sondern ein zusammengesetztes Gebilde. Es enthält eine Handlungsbefugnis und eine Wertzuweisung, in der *Schmidt*schen Terminologie eine Aktionsberechtigung und eine Vermögensberechtigung (S. 53 - 71). An dieser weiterführenden Inhaltsbestimmung des subjektiven Rechts ist bemerkenswert, daß Aktionsberechtigung und Vermögensberechtigung als völlig voneinander verschiedene Organisationsstrukturen der Berechtigung aufgefaßt werden (insb. S. 68).
[12] *U. Huber*, Rechtstheorie 1971, S. 250.

seiner Untersuchung — allerdings als nicht näher begründete Prämisse für seine weiteren Ausführungen — am schärfsten präzisiert hat: Um von einem subjektiven Recht sprechen zu können, müssen in rechtsformaler Betrachtung zwei Aussagen gemacht werden können:

„— daß jemand in einem Sozialsachverhalt bestimmte sozialrelevante Veränderungen vornehmen (Tatbestände setzen) *darf* und

— daß alle anderen die gleichen Tatbestände *nicht* setzen *dürfen*.

Diese beiden Normen: Freiheitsermächtigung und Generalverbot machen die Struktur der Berechtigung aus"[13]. Das Recht des Berechtigten, die in der Berechtigung umschriebenen Handlungen vorzunehmen, also die Freiheitssphäre, entspricht der privilege-Stellung[14] in der Theorie des subjektiven Rechts von *Hohfeld*[15], mit der sich *Schmidts* Ergebnisse gerade im Hinblick auf die formelle Struktur des subjektiven Rechts weitgehend decken[16]. Dementsprechend ist in dem Verbot an die Nichtberechtigten, die Rechtsposition des Berechtigten beeinträchtigende Handlungen zu setzen, das *Hohfeldsche* „right" zu erkennen[17].

Auf den kürzesten Nenner gebracht lautet *Schmidts* These: Alle subjektiven Rechte zeichnen sich durch eine right-privilege-Struktur aus.

Soweit es sich nun um die Begründung der right-Struktur, das heißt um die Deutung der im subjektiven Recht enthaltenen „Norm des negativen Sollens"[18] als eines Ausschlußrechts gegenüber den Nichtberechtigten handelt, ist *Schmidt* durchaus zuzustimmen[19], zumal — von wenigen Ausnahmen abgesehen[20] — auch von den Autoren, die das Verfügendürfen als das charakteristische Merkmal des subjektiven

---

[13] *Schmidt*, Aktionsberechtigung, S. 17.
[14] *Schmidt*, Aktionsberechtigung, S. 55.
[15] *Hohfeld*, Fundamental legal conceptions as applied in judicial reasonings and other legal essays (1923); Zu *Hohfelds* Lehre vgl. neben *Schmidt*, Aktionsberechtigung, S. 32 - 37; *Kasper*, Das subjektive Recht, S. 155, 156; *Moritz*, Über Hohfelds System der juridischen Grundbegriffe (1960), S. 18 - 21; *Dölle*, Theoretische Jurisprudenz in Nordamerika, Gruch Beitr. 68 (1927, S. 492, 494 - 500); aber auch kritisch *Stone*, Legal System and Lawyers Reasoning (1964), S. 137 bis 161; *Hislop*, The Hohfeldian System of Fundamental Legal Conception ARSP 53 (1967), S. 53 ff.; zu Hohfeld vgl. auch noch die eigenwillige Interpretation seiner Lehre durch *Kantorowicz*, Der Begriff des Rechts (aus dem Nachlaß herausgegeben von Campbell 1957), S. 53.
[16] In enger Anlehnung an *Hohfelds* System versucht auch *Oertelt*, Der Begriff des subjektiven Rechts und seine Negierungen (1956) den einheitlichen Begriff des subjektiven Rechts in analytisch gewonnene Einzelbegriffe aufzulösen.
[17] *Schmidt*, Aktionsberechtigung, S. 55.
[18] *G. Husserl*, Negatives Sollen im bürgerlichen Recht, Recht und Welt, S. 115.
[19] *Schmidt*, Aktionsberechtigung, S. 18.
[20] So wohl *Klug*, Bemerkungen zur logischen Analyse einiger rechtstheoretischer Begriffe und Behauptungen, Logik und Logikkalkül FS Britzelmeyer, S. 115; *Anderssen*, Das subjektive Recht GrünhutsZ. 38 (1911), S. 603 - 644; *Zitelmann*, Begriff und Wesen der sogenannten juristischen Person, S. 50, 62.

VII. Die right-privilege-Struktur des subjektiven Rechts

Rechts ansehen, niemals bestritten wurde, daß im subjektiven Recht zumindest auch eine Ausschlußbefugnis liegt[21].

Indessen müssen gegen *Schmidts* Annahme, daß das Nichtausgeschlossensein gerade des Berechtigten auch ein normlogisches Charakteristikum des subjektiven Rechts sei[22], Bedenken angemeldet werden.

Schmidt meint, daß diejenigen Lehren, die dem Recht nur die Aussage darüber zubilligen, „daß alle anderen den Tatbestand nicht setzen dürfen, *ohne* eine Regelung der Tatbestandssetzung durch den „*Berechtigten*" zuzulassen, dann zu einem Zirkelschluß kommen, „wenn sie den Inhalt der Rechtsstellung des Berechtigten einzig und allein in der Geltendmachung der Norm sehen würden, die das Verbot gegenüber den anderen Rechtssubjekten enthält". Die Möglichkeit der Geltendmachung der Norm sei in der Norm selbst schon beschlossen und mithin nicht Regelungsinhalt einer neuen Norm[23]. Darin liegt in der Tat ein entscheidender Einwand gegen die Lehre *Buchers*. Denn wenn die objektive „potentielle" Pflichten statuierende Verhaltensnorm für den einzelnen erst gilt, wenn sie durch eine Willensbetätigung des Berechtigten „aktualisiert" wird, wird dadurch der Wille des Berechtigten zur conditio sine qua non der Normgeltung. Da jedoch — wie *Schmidt* zuzustimmen ist — die Verbotsnorm gilt, weil sie Norm ist und nicht, weil sie vom Berechtigten geltend gemacht wird[24], so liegt in der Aussage ihrer Geltung in der Tat keine *neue* Aussage, die einen Bezug zum Berechtigten hat. Insofern ist *Schmidt* zuzustimmen, daß die Identifizierung der Berechtigung mit der Möglichkeit, die Verhaltensnorm geltend zu machen, keine differentia specifica gerade der Berechtigung zur Verhaltensnorm begründet, da diese Geltung schon Inhalt der Norm ist[25].

---

[21] *Enneccerus/Nipperdey*, Allgemeiner Teil, 1. Halbb.[15], S. 440; *Westermann*, Sachenrecht[5], S. 12.
[22] *Schmidt*, Aktionsberechtigung, S. 17 - 21; 25, 27, 29, 37, 40 - 42, 48, 53, 55. Schon *Hölder*, Über objektives und subjektives Recht (1893), S. 43 sieht im Begriff des subjektiven Rechts sowohl das Dürfen als auch das Können (nicht nur als „Ausschließenkönnen", sondern auch als Dispositionsbefugnis) umfaßt. Vgl. dazu die begründete Kritik bei *Schwarz*, Rechtssubjekt und Rechtsobjekt, ArchfBürgerlR 35 (1910), S. 10 (18), der allerdings seinerseits durch seine interessentheoretische Grundhaltung an einer rechtsformal richtigen Erfassung des subjektiven Rechts gehindert wird (insb. S. 18 - 20: „Diese zugunsten eines Zweckes bestehende Anwartschaft auf Normbefolgung bildet also den Inhalt des subjektiven Rechts"). Die Ansicht, die Dispositionsbefugnis über die Leistung des Verpflichteten sei ein wesentliches Merkmal des subjektiven Rechts ist auch noch später von *Burckhardt*, Die Organisation der Rechtsgemeinschaft (1927), S. 71; *Burckhardt*, Methode und System des Rechts (1936), S. 156; *Burckhardt*, Einführung in die Rechtswissenschaft (1939), S. 23 vertreten worden; dagegen aber schon *Nawiasky*, Rechtsfragen des wirtschaftlichen Neuaufbaues (1935), S. 26.
[23] *Schmidt*, Aktionsberechtigung, S. 18.
[24] *Schmidt*, Aktionsberechtigung, S. 18.
[25] *Schmidt*, Aktionsberechtigung, S. 19.

Hier zeigt sich indessen die Überlegenheit der Kelsenschen Lehre des subjektiven Rechts besonders deutlich. Der Vorwurf Schmidts kann nämlich Kelsens Lehre nicht treffen.

Da nach Kelsens Rechtsnormtheorie die Rechtsnorm im engeren Sinn eine *doppelte* Pflicht statuiert, nämlich einerseits die eines Untertanen zu einem pflichtmäßigen Verhalten, andererseits die des Staates mangels dieses pflichtmäßigen Verhaltens eine Unrechtsfolge zu verhängen[26] und — wie oben gezeigt[27] — durch die Einräumung der Klagebefugnis neben den Unrechtstatbestand die Klage als ein weiteres den Staatswillen zur Unrechtsfolge bedingendes Moment hinzutritt, wird durch die Klagemöglichkeit nicht die Verhaltensnorm in Geltung gesetzt, sondern es wird vielmehr durch die Aufnahme der Klage als bedingendes Element des den Willen des Staates zur Unrechtsfolge enthaltenden Rechtssatzes dieser und dadurch die Pflicht des Staates zur Verhängung der Unrechtsfolge subjektiviert[28]. Damit ist aber eine *neue* Aussage gemacht, die den von Schmidt geforderten Bezug zum Berechtigten hat: Diese neue Aussage beinhaltet nicht wie die Buchers die Aussage, daß die Verhaltensnorm gilt, sondern sie gibt an, wie die Verhaltensnorm normlogisch relevant subjektiviert wird, nämlich durch Einräumung der Klagebefugnis an den Berechtigten.

Darin liegt die differentia specifica gerade der Berechtigung zur allgemeinen Verhaltensnorm begründet, ohne daß es — wie Schmidt meint — notwendig ist, auf die in der Berechtigung — seiner Meinung nach — enthaltene Dürfensanordnung zu rekurrieren.

Insofern zeigt sich, daß der Gegnerschaft Kelsens gegenüber der Imperativentheorie gerade für die Erfassung des subjektiven Rechts entscheidende Bedeutung zukommt, so daß es nicht gerechtfertigt ist, wenn Schmidt einer Auseinandersetzung mit Kelsens Kritik an der Imperativentheorie mit der Bemerkung ausweicht, Kelsens Kritik beruhe auf rechtstheoretisch anderen Voraussetzungen[29].

Besteht aber — zumindest auf dem Boden der Kelsenschen Lehre — die Möglichkeit, das subjektive Recht — ohne in einen Zirkelschluß zu verfallen — normlogisch zu deuten, ohne auf das Verhaltendürfen des Berechtigten gegenüber dem Rechtsobjekt rekurrieren zu müssen, so wird Schmidts Prämisse von der normlogisch notwendigen right-privilege-Struktur des subjektiven Rechts widerlegt.

---

[26] *Kelsen*, Hauptprobleme[2], S. 620.
[27] Siehe oben IV, 1.
[28] Daß damit aber auch eine Subjektivierung der die Pflicht der übrigen Rechtssubjekte zu rechtmäßigem Verhalten statuierenden Verhaltensnorm verbunden ist, wurde in IV, 1 und 2 dargelegt.
[29] *Schmidt*, Aktionsberechtigung, S. 28 FN 32.

VII. Die right-privilege-Struktur des subjektiven Rechts 51

Wenn *Schmidt* meint, daß das Recht zu allen menschlichen Sachverhalten umfassende Aussagen[30] zu machen habe[31], so ist ihm darin freilich zuzustimmen. Allerdings scheint es mir — im Gegensatz zu *Schmidt* — gerade von einem rechtsformalen Standpunkt aus möglich zu sein, daß schon durch die Erfassung des subjektiven Rechts als Ausschlußrecht der in Frage kommende „menschliche Sachverhalt" umfassend beschrieben ist. Dies vor allem dann, wenn gezeigt werden kann, daß das Verhaltendürfen durch das Ausschlußrecht normlogisch bedingt ist[32].

b) Gibt es „erlaubende Normen"?

Ein weiterer Einwand gegen *Schmidt* ergibt sich noch daraus, daß er es unterlassen hat, die Bedenken, die gegen eine normlogische Zulässigkeit der „erlaubenden Rechtsnormen"[33] bestehen, auszuräumen[34]. Damit steht und fällt nämlich die normlogische Haltbarkeit der right-privilege-Struktur des subjektiven Rechts. Denn wenn der Berechtigte bestimmte Tatbestände setzen *darf,* die andere Rechtssubjekte *nicht* setzen dürfen, so kann dies vom Boden einer normativen Betrachtungsweise aus nur bedeuten, daß dem Berechtigten die Setzung dieser Tatbestände durch Normen erlaubt ist.

Die rechtliche Eigenständigkeit der Kategorie des Dürfens wird jedoch durch erhebliche normlogische Bedenken in Frage gestellt.

Dem Dürfen korrespondiert — wenn man es in ein Verhältnis zur rechtsetzenden Autorität stellt — ein Erlauben. Erlaubt ist, was man nach seinem Belieben tun oder lassen kann; das heißt, erlaubt ist, was nicht verboten und nicht geboten ist, denn auch durch das Gebot wird die Wahlmöglichkeit aufgehoben[35]. Wenn eine Handlung verboten ist, so

---

[30] *Schmidt,* Aktionsberechtigung, S. 14.
[31] Dies ist letztlich auch der einzige Einwand *Schmidts* gegen die Lehre *Nawiaskys,* der mit *Kelsen* — wie in IV, FN 16 gezeigt — gerade in den hier entscheidenden Punkten übereinstimmt (*Schmidt,* Aktionsberechtigung, S. 29, 30 FN 38).
[32] Dazu gleich unter VII, 2, a. Es sei hier allerdings zum wiederholten Male betont, daß sich die erhobenen Einwände gegen eine right-privilege-Struktur nur aus einer rechtsformalen Betrachtungsweise ergeben. Es wird weiter unten ausführlich darzustellen sein, inwieweit eine solche right-privilege-Struktur der subjektiven Rechte für eine rechtsteleologische Betrachtung nützlich sein kann.
[33] Zweifelhaft ist nur die normlogische Zulässigkeit von erlaubenden" *Verhaltens*normen. Unzweifelhaft ist dagegen die „Erlaubnisfunktion" bei der Kategorie der Ermächtigungsnormen, die einem Rechtssubjekt die Kompetenz einräumen, Verhaltensnormen (qua Rechtsgeschäft) oder weitere Ermächtigungsnormen zu setzen. Dieses „Erlauben" läßt sich auch normativ korrekt deuten: als Delegationsstufe im Stufenbau der Rechtsordnung.
[34] Lediglich bei der Erörterung des Begriffes „Rechtsfreier Raum" nimmt *Schmidt* (Aktionsberechtigung, S. 14, 15 FN 4) zur normlogischen Zulässigkeit erlaubender Normen Stellung.
[35] *Nawiasky,* Allgemeine Rechtslehre², S. 109.

ist das Unterlassen geboten und wenn eine Unterlassung verboten ist, dann ist die Handlung geboten. Das Sollen einer Handlung ist mit dem Sollen ihrer Unterlassung unvereinbar. Ganz anders jedoch verhält es sich, wenn eine Handlung oder Unterlassung „gedurft", das heißt, von der Rechtsordnung erlaubt ist. Wer handeln darf, darf auch unterlassen. Will die Rechtsordnung, daß eine Handlung oder Unterlassung des Normadressaten eintreten *soll*, dann wird die Handlung, die bezweckt (gewollt) ist, geboten und die Handlung, deren Unterlassung bezweckt (gewollt) ist, verboten. Wenn aber die Rechtsordnung weder eine Handlung noch deren Unterlassung bezweckt, dann ist ihr diese Handlung oder Unterlassung gleichgültig; sie überläßt es dem Individuum, ob es handeln oder unterlassen will. Im Verhältnis zur Rechtsordnung sind solche Handlungen oder Unterlassungen irrelevant[36].

Darf das Rechtssubjekt jedoch nach seinem Belieben handeln und unterlassen, so ist es *frei*. Erlaubtsein ist gleichbedeutend mit Freiheit, also ist Erlaubtsein kontradiktorischer Gegensatz zur Bindung[37]. Daraus ergibt sich, daß ein erlaubender Rechtssatz die Negation eines Gebotes oder Verbotes darstellt, das heißt, rechtlich bedeutungslos oder — mit *Nawiasky*[38] — überflüssig, sinnlos ist[39].

Ist aber das der Erlaubnis entsprechende Dürfen[40] keine eigenständige normative Kategorie, so kann das „Verhaltendürfen" auch nicht als normatives Merkmal des subjektiven Rechts anerkannt werden[41].

Vielmehr stellt das „Verhaltendürfen" den Freiheitsbereich dar, innerhalb dem dem Berechtigten ein bestimmtes Verhalten erlaubt, weil

---

[36] *Kelsen*, Hauptprobleme², S. 667.
[37] *Nawiasky*, Allgemeine Rechtslehre², S. 109.
[38] *Nawiasky*, Allgemeine Rechtslehre², S. 109; *Nawiasky*, Forderungs- und Gewaltverhältnis, FS Zitelmann (1913), S. 1 (8, 10); *Nawiasky*, Österreichisches und Deutsches Postrecht (1909), S. 156, 157; *Kelsen*, Reine Rechtslehre², S. 16; aber schon *Thon*, Rechtsnorm, S. 291, 292; *Schuppe*, Der Begriff des subjektiven Rechts (1887), S. 19; *Bierling*, Juristische Prinzipienlehre I, S. 93, 94, 164, 165; *Bierling*, Zur Kritik der juristischen Grundbegriffe II, S. 23 (Neudruck 1965 der Ausgabe Gotha 1877 - 1883).
[39] Daher sagt *Bucher* (Normsetzungsbefugnis, 54) völlig zu Recht, daß es „in einem strengen Sinn der Norm als Verhaltensnorm *keine* sog. *erlaubenden Normen* gibt, da *Erlaubtheit* nicht eine Norm, sondern die *Negation einer Norm*, die Bezeichnung eines rechtsfreien, normativ nicht geregelten Bereiches darstellt".
[40] Anders freilich *Jellinek*, System der subjektiven öffentlichen Rechte², S. 41 - 81, nach dem die Erlaubnis die rechtlich relevante Anerkennung der natürlichen, vom Staat unabhängigen Freiheit darstellt. Vgl. allerdings den entschiedenen Widerspruch, den vor allem *Jellineks* Lehre, die subjektiven öffentlichen Rechte erschöpften sich nur im Können und enthielten anders als die subjektiven Privatrechte kein Dürfen, durch *Kelsen* (Hauptprobleme², S. 632 bis 665) erfahren hat.
[41] *Kelsen*, Hauptprobleme², S. 668.

VII. Die right-privilege-Struktur des subjektiven Rechts

nicht verboten ist[42]. Das „Verhaltendürfen" ist als *Schutzobjekt*, dessen Integrität die Rechtsordnung insoweit garantiert, als sie — um mit *Kelsen* zu sprechen[43] — „den anderen Menschen gebietet, diese Freiheit zu respektieren, ihnen verbietet, in diese Freiheitssphäre einzugreifen, das heißt ein Verhalten verbietet, durch das jemand an dem ihm nicht verbotenen und in diesem Sinn erlaubten Verhalten verhindert wird". Insofern zeigt sich dieser Freiheitsbereich des subjektiv Berechtigten — das berühmte von *Binding*[44] so bezeichnete „Loch im Zentrum des Normenkreises" — als rechtlich *Geschütztes*.

Gerade das zeigt aber deutlich, daß man, wird das Verhaltendürfen als charakteristisches Merkmal des subjektiven Rechts anerkannt, von einer normativen Betrachtungsweise abweicht und ein teleologisches Element[45], nämlich den Zweck des Schutzes in den Begriff aufnimmt. Nun kann es zwar nicht zweifelhaft sein, daß eine normative und eine teleologische Betrachtungsweise einander nicht ausschließen, sondern einander vielmehr ergänzen[46]. Das darf aber nicht dazu führen, daß das Zweckelement in den normativen Begriff des subjektiven Rechts aufgenommen wird. Rechtsformal gesehen kommt dem subjektiven Recht keine right-privilege-, sondern nur eine right-Struktur zu.

Freilich scheinen dem positive Normen entgegenzustehen, da einzelne Normen ausdrücklich von einem Erlaubtsein oder einem Dürfen eines bestimmten Verhaltens sprechen, obwohl oben dargelegt wurde, daß erlaubende Normen bedeutungslos sind. So bestimmt z. B. § 354 ABGB: „Als ein Recht betrachtet, ist Eigentum das Befugnis, mit der Substanz und den Nutzungen einer Sache nach Willkür zu schalten

---

[42] Vgl. dazu auch *Buchers* Freiheitsvermutung (Normsetzungsbefugnis, S. 53, 54, 153, 187). Eine andere Begründung für das Verhaltendürfen versucht *Oertmann*, JhJb. 31, S. 447. Ihm erscheint das Verhaltendürfen als minus gegenüber dem maius des Schutzes. „Denn wenn die Rechtsordnung mein Verhalten zur Sache sogar Dritten gegenüber schützt, so ist es im allgemeinen selbstverständlich, daß sie mir der Sache gegenüber das Verhalten gestattet." Von dieser Auffassung ist *Oertmann* allerdings später abgerückt und hat neben dem Ausschlußrecht noch das Dürfen als Merkmal des dinglichen Rechtes anerkannt (*Oertmann*, Zur Struktur der subjektiven Privatrechte, AcP 123 [1925], S. 129 [136, 137]).
[43] *Kelsen*, Reine Rechtslehre², S. 44.
[44] *Binding*, Krit. Vierteljahresschrift 21 (1879), S. 542 (563).
[45] Den rechtsteleologischen Hintergrund der Ansicht, das Dürfen sei normativ relevant, hat schon *Bierling* (Juristische Prinzipienlehre I, S. 164) scharf erkannt, wenn er ausführt, „daß tatsächlich in den weitaus meisten Fällen in Verbindung mit dem Dürfen zugleich wahre Rechtsansprüche (wenn auch bloß bedingter Art) auftreten, die von der gewöhnlichen Anschauung zunächst ignoriert oder höchstens als selbstverständliche Folge des Dürfens aufgefaßt werden, während hiermit der wahre Sachverhalt geradezu auf den Kopf gestellt wird". (Vgl. dazu vorsichtig abwägend *Zitelmann*, Internationales Privatrecht I, S. 44). Es hat schon *Bierling* klar erkannt, daß das Dürfen nur in der Kombination mit dem Gebieten und Verbieten durch die Rechtordnung rechtlich relevant sein kann (so auch *Roguin*, Science juridique pure I [1923], S. 90).
[46] *Bucher*, Normsetzungsbefugnis, S. 152, 153.

und jeden anderen davon auszuschließen⁴⁷." Dabei ist aber zu bedenken, daß es dem Gesetzgeber nicht auf eine rechtstheoretisch einwandfreie Formulierung ankommt, sondern vielmehr um eine erschöpfende Bestimmung der Bedingungen, unter denen ein bestimmter Sozialsachverhalt von ihm gewünscht ist. Deshalb ist es durchaus zulässig, wenn sich der Gesetzgeber auch rechtsteleologischer Merkmale bei der Begriffsbildung bedient.

Wenn oben gesagt wurde, daß erlaubende Verhaltensnormen normlogisch bedeutungslos sind, so bedarf dies in einem — wie sich später zeigen wird⁴⁸ — auch für unsere Untersuchung entscheidenden Punkt der Einschränkung. Bei einer ganz bestimmten Normenkonstellation können auch erlaubende Rechtsnormen normativ durchaus sinnvoll sein und zwar dann, wenn eine erlaubende Norm von einem allgemeinen Verbot enthebt; das heißt, einem Menschen wird ein bestimmtes, sonst verbotenes Verhalten durch eine Norm⁴⁹ erlaubt⁵⁰.

VIII. Gestaltungsrecht und subjektives Recht —
Das Gestaltungsrecht aus normativer Sicht

Es dürfte heute unbestritten sein, daß der teleologische Aspekt (also der Zweck, die Funktion) des subjektiven Rechts, in der Zuweisung rechtlich geschützter Rechtspositionen an den einzelnen liegt¹. Aus teleologischer Sicht ist es deshalb auch zulässig, das Gestaltungsrecht *Seckel*scher Prägung als „Macht zur Gestaltung konkreter Rechtsbeziehung durch einseitiges Rechtsgeschäft"² unter den Begriff des subjektiven Rechts zu subsumieren³.

---

⁴⁷ Vgl. auch § 903 BGB, Art. 541 ZGB. Als weiteres Beispiel sei § 226 BGB angeführt: „Die Ausübung eines Rechtes ist unzulässig, wenn sie nur den Zweck haben kann, einem anderen Schaden zuzufügen." Nun ist es wohl unbestritten, daß unter das Schikaneverbot auch, ja sogar hauptsächlich Genußhandlungen fallen (vgl. statt vieler *Mormann* in Soergel/Siebert BGB¹⁰ I, Vorbem. 5 zu § 226). Genußhandlungen sind aber, wenn das Verhaltendürfen keine selbständige normative Kategorie darstellt, normativ gesehen gar keine Rechtsausübungen, obwohl § 226 BGB von der Ausübung von Rechten spricht.
⁴⁸ Siehe unten unter 2. Teil, I, 1.
⁴⁹ So schon *Thon*, Rechtsnorm, S. 288 - 324 (insb. S. 292, 293); *Nawiasky*, Allgemeine Rechtslehre², S. 109; *Kelsen*, Reine Rechtslehre², S. 15; *Engisch*, Einführung⁴, S. 25; *Bucher*, Normsetzungsbefugnis, S. 187, 188 FN 2. Ein anderer Fall, in dem die Erlaubnis normativ sinnvoll ist, ist in der behördlichen Erlaubnis, z. B. der Konzession, die zu einem bestimmten Verhalten berechtigt, gegeben (vgl. dazu *Kelsen*, Reine Rechtslehre², S. 142, 143).
⁵⁰ Da diese Normenkonstellation gerade für die rechtsformale Erfassung der Eigentumsbeschränkungen eine Rolle spielen wird, ist sie dort noch ausführlich zu behandeln.
¹ Vgl. statt vieler *Larenz*, Methodenlehre², S. 485; *Meier-Hayoz*, Berner Kommentar IV⁴, S. 70; *Böhm*, Zum Verhältnis von Rechtstheorie und Rechtsdogmatik, JZ 1970, S. 767 ff. (769); für die absoluten Rechte ausführlich *Bucher*, Normsetzungsbefugnis, S. 151 ff.

VIII. Gestaltungsrecht und subjektives Recht

Aus normativer Sicht hat dagegen *Bucher*[4] die Gestaltungsrechte aus dem Kreis der subjektiven Rechte ausgeschieden. *Adomeit*[5] ist den entgegengesetzten Weg gegangen. Er begreift das Gestaltungsrecht als subjektives Recht, erweitert den Begriff des Gestaltungsrechts auf Rechtsgestaltungen durch zweiseitige Rechtsgeschäfte und gelangt so zur Qualifikation der Vertragsfreiheit als subjektives Recht.

Die Auffassungen über das Gestaltungsrecht sind also keineswegs einhellig. Es wird jedoch zu zeigen sein, daß so manche Divergenz auf eine unterschiedliche Betrachtungsweise der Gestaltungsrechte, nämlich einer teleologischen einerseits und einer normativen andererseits beruht.

Wenn eine normative Untersuchung nur die rechtstechnische Seite des subjektiven Rechts zum Gegenstand hat, ist auch beim Gestaltungsrecht nur dessen rechtstechnische Seite, also sein Ableitungszusammenhang mit der objektiven Normordnung Erkenntnisgegenstand. Ihre Ergebnisse sind deshalb notwendig formal-systematischer, nicht dogmatischer Natur.

Stellt nur die right-Struktur ein normatives Merkmal des subjektiven Rechtes dar und ist auch *Buchers* These, dieses „right" als Normsetzungsbefugnis zu begreifen, nicht zutreffend[6], ist auch im Privatrecht das subjektive Recht im Anschluß an *Kelsen* zu definieren als die ein Verhalten eines Individuums gebietende oder verbietende objektive Rechtsnorm im Verhältnis zu demjenigen Individuum, dem die Rechtsordnung die Rechtsmacht verliehen hat[7], bei Nichterfüllung dieser Verhaltenspflicht — als ultima ratio — ein staatliches Verfahren in Gang

---

[2] *Seckel*, Die Gestaltungsrechte des bürgerlichen Rechts, FS Koch (1903), S. 205 ff. (Neudruck 1954).
[3] So schon *Seckel* selbst (a.a.O., 12); *Dölle*, Juristische Entdeckungen, in: Verhandlungen zum 42. DJT, II (1959), B, S. 1 ff. (10 ff.); *Bötticher*, Besinnung auf das Gestaltungsrecht und das Gestaltungsklagerecht, FS Dölle I (1963), S. 41 ff.; *Bötticher*, Gestaltungsrecht und Unterwerfung im Privatrecht (1964), S. 3; *Koziol*, JBl. 1966, S. 287 ff.; *Söllner*, Einseitige Leistungsbestimmung im Arbeitsverhältnis (1966), S. 27; *Böhm*, JZ 1970, S. 767 ff. (769). Vgl. dazu auch die Lehrbücher, in denen das Gestaltungsrecht als Art des subjektiven Rechts behandelt wird; *Gschnitzer*, Allgemeiner Teil des bürgerlichen Rechts (1966), S. 63; *Koziol/Welser*, Grundriß des bürgerlichen Rechts I³, S. 36; *Larenz*, Allgemeiner Teil des deutschen bürgerlichen Rechts² (1972), S. 172 f.
[4] *Bucher*, Normsetzungsbefugnis, S. 89 ff.
[5] *Adomeit*, Gestaltungsrechte, Rechtsgeschäfte, Ansprüche (1969), insb. S. 11 ff.
[6] Siehe oben VI, 2, d; VI, 3.
[7] Die Verleihung der Rechtsmacht kann entweder in der das Verbot oder Gebot enthaltenden Norm selbst erfolgen (so z. B. § 354 ABGB, § 903 BGB) oder durch eine andere Norm, die demjenigen eine Reaktionsmöglichkeit einräumt, in dessen Interesse eine Verhaltensnorm gesetzt wurde (z. B. § 1311 ABGB, § 823 Abs. 2 BGB). Ob eine Verhaltensnorm in bezug auf ein bestimmtes Rechtssubjekt Schutznorm ist, kann nur durch eine teleologische Sicht geklärt werden.

zu setzen, das in der Verhängung einer Sanktion gegenüber dem sich pflichtwidrig verhaltenden Individuum gipfelt[8].

Demgemäß korrespondiert normlogisch zwingend dem subjektiven Recht ein Pflichtbereich[8a]. Der ein Gestaltungsrecht[9] einräumenden Rechtsnorm (Gesetz[10] oder rechtsgeschäftlich erzeugten Norm[11]) steht indessen nach h. L. unmittelbar kein Pflichtbereich gegenüber[12].

Diese These ist so alt wie die Lehre vom Gestaltungsrecht selbst. Sie ist aber — soweit ich sehe — noch nie eingehend begründet worden. Sie ist aber begründungsbedürftig, weil es — zumindest auf den ersten Blick — so scheint, als entspreche gewissen Gestaltungsrechten gleichwohl ein Pflichtbereich. Man bedenke nur, daß der Gestaltungsbefugnis

---

[8] Daß man die Klagemöglichkeit — wie *Bruns* (FS Nipperdey [1965] I, S. 3 ff. [5]) meint — nicht als Begriffsmerkmal des subjektiven Rechts ansehen darf, weil „die Frage des Rechtsschutzes im Privatrecht seit Generationen als im wesentlichen gelöst betrachtet werden" kann, leuchtet mir nicht ein. Wie wenig die Privatrechtswissenschaft die Normtheorie *Kelsens* beachtet, beweist nichts deutlicher als die zitierte Abhandlung von *Bruns*, der über das Thema: Recht und Pflicht als Korrespondenzbegriffe des Privatrechts zu schreiben vermag, ohne *Kelsen* auch nur einmal zu erwähnen, geschweige denn, sich mit ihm auseinanderzusetzen.

[8a] Dies wird jüngst von *Aliprandis* (Subjektives Recht und Unterwerfung, Rechtstheorie 1971, S. 129 ff.) bezweifelt. Er will die Pflicht als Korrespondenzbegriff des subjektiven Rechts durch den Begriff der „Unterwerfung" ersetzen (insb. S. 137 ff.). Von einem teleologischen Standpunkt aus mag das korrekt sein. Der durch das subjektive Recht aus teleologischer Sicht zugewiesenen rechtlich geschützten Rechtsposition korrespondiert die „Unterworfenheit" desjenigen, dem gegenüber die Rechtsposition geschützt ist, indem dieser die Rechtsmacht des Trägers des subjektiven Rechts „erdulden" muß, die an ihn gerichtete Verhaltenspflicht geltend zu machen. Der — teleologische — Begriff der „Unterworfenheit" ist aber — entgegen der Ansicht von *Aliprandis* — nicht geeignet, das *normative* Korrespondenzverhältnis von Pflicht und subjektivem Recht zu erschüttern.

[9] Vgl. zur Vielfalt der Gestaltungsrechte *Seckel*, Die Gestaltungsrechte des bürgerlichen Rechts, S. 14 ff.; zur Typik der rechtsbegründenden, rechtsändernden und rechtsaufhebenden Gestaltungsrechte vgl. *Tuhr*, Der Allgemeine Teil des Deutschen Bürgerlichen Rechts I, S. 162 ff.; zur Einteilung in „einbrechende" und „ausfüllende" Gestaltungsrechte vgl. *Bötticher*, FS. Dölle I, S. 41 ff.; *Bötticher*, Gestaltungsrecht und Unterwerfung, S. 2; dazu auch *Bruns*, „Funktionaler" und „instrumentaler" Gehalt der Gestaltungsrechte, ZZP 78 (1965), S. 264 ff. (273 ff.).

[10] Gesetzliches Rücktrittsrecht, gesetzliches Kündigungsrecht.

[11] Vertragliches Rücktrittsrecht, Wiederkaufs-Rückverkaufs-Vorkaufsrecht (vgl. dazu *Faistenberger*, Das Vorkaufsrecht, insb. S. 171), Direktionsrecht des Arbeitgebers (vgl. dazu *Mayer-Maly*, Zur arbeitsrechtlichen Bedeutung der Lehre vom Gestaltungsrecht, RdA 1965, S. 361 ff.; *Migsch*, Einige Gedanken zum Weisungsrecht des Arbeitgebers, ZAS 1970, S. 83 ff.; *Ostheim*, Die Weisung des Arbeitgebers als arbeitsrechtliches Problem, Verhandlungen des 4. ÖJT (1970) I, 4 insb. 34 ff.).

Die Existenz dieser Rechte beweist die Richtigkeit der Beobachtung *Adomeits* (Gestaltungsrechte, S. 29 FN 55), daß das Rechtsgeschäft nicht nur Ausübungsakt des Gestaltungsrechts, sondern auch dessen Begründungsakt sein kann.

[12] *Bucher*, Normsetzungsbefugnis, S. 91; *Adomeit*, Gestaltungsrechte, S. 28 und die dort (FN 54) angegebene Literatur.

VIII. Gestaltungsrecht und subjektives Recht

beim Vorkaufsrecht die Pflicht des Käufers gegenübersteht, die Sache dem Vorkaufsberechtigten anzubieten. Nun liegt es zwar für eine Reihe von Gestaltungsrechte einräumenden Normen auf der Hand, daß ihnen unmittelbar kein Pflichtbereich korrespondiert.

Die Norm, die ein Individuum ermächtigt, ein Dauerschuldverhältnis unter Einhaltung einer bestimmten Frist zu kündigen, erzeugt sicherlich keine unmittelbare Pflicht des Kündigungsgegners. Vielmehr ermächtigt sie das Individuum, durch einseitige rechtsgeschäftliche Erklärung, dem Erklärungsgegner gegenüber eine Verhaltensnorm zu setzen[13]. Erst dieser steht die Verhaltenspflicht des Erklärungsgegners gegenüber. Insoweit ist die Beobachtung *Adomeits*[14], daß das Gestaltungsrecht eine Normsetzungsbefugnis darstellt, völlig zutreffend. Zwar ist auch die Normsetzungsbefugnis Rechtsmacht und als solche Willensmacht, so daß *Windscheid/Kipp*[15] auch Gestaltungsrechte durchaus zutreffend unter den Oberbegriff „Willensmacht" subsumieren können.

Aber diese Rechtsmacht ist ganz anders strukturiert, als diejenige, durch die aus normativer Sicht das subjektive Recht charakterisiert ist. Während sie hier eine durch die objektive Rechtsordnung (qua Ermächtigungsnorm) delegierte Kompetenz zur Setzung von Verhaltensnormen darstellt[16], ist sie als Charakteristik des subjektiven Rechts vielmehr eine Bedingung, die neben das pflichtwidrige Verhalten (Unrechtstatbestand) als weiteres den auf Sanktionsverhängung gerichteten Staatswillen bedingendes Moment hinzutritt.

Die unterschiedliche Struktur der Rechtsmacht beim Gestaltungsrecht einerseits und beim subjektiven Recht andererseits zeigt, daß Gestaltungsrechte aus normativer Sicht keine subjektiven Rechte darstellen[16a].

---

[13] Etwa im Bestandsrecht: sich der weiteren Benutzung der Bestandssache zu enthalten.
[14] *Adomeit*, Gestaltungsrechte, S. 31.
[15] *Windscheid/Kipp*, Pandekten I⁹, S. 156.
[16] So zutreffend *Adomeit*, Gestaltungsrechte, S. 19 ff.
[16a] Dies verkennt auch *Aliprandis* (Rechtstheorie 1971, S. 129 ff.), wenn er subjektive Rechte und Gestaltungsrechte — in beabsichtigter Abweichung von *Bucher* — unter dem Oberbegriff der Normsetzungsbefugnis zusammenfaßt. Dagegen sind zwei Bedenken angebracht. *Aliprandis* ist der Auffassung, daß durch die privatautonome Rechtsgestaltung keine Verhaltensnormen, sondern nur bedingte Ermächtigungsnormen gesetzt werden, wodurch der eine Vertragspartner den anderen ermächtigt, dem Richter die Rechtsmacht zu verleihen, durch sein Urteil eine individuelle Norm zu setzen, falls sich der Vertragspartner nicht in einer bestimmten Weise verhält. *Aliprandis* übersieht jedoch, daß für seine Konzeption die Annahme unumgänglich ist, daß durch das Rechtsgeschäft Verhaltensnormen der Partner erzeugt werden. Denn die Geltung der Ermächtigungsnorm im Sinne *Aliprandis* ist — weil bedingt — davon abhängig, daß sich der Vertragspartner anders verhält, als er sich verhalten soll. Dieses Verhaltensollen, also seine Pflicht, wird aber durch die rechtsgeschäftlich erzeugte Verhaltensnorm konstituiert. Daß der Vertrags-

Die Typik der Gestaltungsrechte ist aber zu reichhaltig, als daß man aus einer Erscheinungsform des Gestaltungsrechts schließen könnte, daß allen Gestaltungsrechten kein Pflichtbereich entspreche.

Wenn die Rechtsordnung einem Individuum die Möglichkeit einräumt, bei Verzug durch einseitige rechtsgeschäftliche Erklärung das Vertragsverhältnis aufzulösen (Rücktritt als Gestaltungsrecht), so ist die dadurch eingeräumte Normsetzungsbefugnis[17] unter der Bedingung eingeräumt, daß sich die Vertragsgegenseite pflichtwidrig, d. h. der rechtsgeschäftlich erzeugten Verhaltensnorm zuwider, verhält. Gleichwohl kann man hier aus normativer Sicht nicht von einem Korrespondenzverhältnis zwischen Gestaltungsrecht und Pflichtbereich sprechen, weil die verletzte Verhaltenspflicht nicht durch die das Gestaltungsrecht einräumende Norm, sondern durch das Rechtsgeschäft begründet wurde. Wohl aber besteht ein teleologisches Korrespondenzverhältnis, da die

---

partner ermächtigt ist, dem Richter (durch Klagserhebung) die Rechtsmacht einzuräumen, eine individuelle Norm zu setzen, die den anderen zu einem pflichtgemäßen Verhalten zwingen soll, ist entgegen der Ansicht *Aliprandis* nicht Folge rechtsgeschäftlich erzeugter Ermächtigungsnormen, sondern nur die normative Konsequenz der Tatsache, daß die objektive Rechtsordnung die privatautonome Rechtsgestaltung als Delegationsstufe zur Erzeugung von Verhaltenspflichten eingerichtet und deshalb die auf diese Weise erzeugten Verhaltenspflichten mit Sanktionen bewehrt hat, zu deren Verhängung neben dem Unrechtstatbestand auch ein Akt dessen treten muß, der durch die privatautonom erzeugte Rechtspflicht begünstigt ist.

Da *Aliprandis* verkennt, daß durch Gestaltungsrechte, gleichgültig, ob man darunter nur die einseitige Rechtsgestaltung oder mit *Adomeit* und *Aliprandis* auch die Befugnis zur Rechtsgestaltung durch zweiseitiges Rechtsgeschäft versteht, primär Verhaltenspflichten erzeugt werden, überzeugt auch sein Versuch nicht, die Herrschaftsrechte (als subjektive Rechte im herkömmlichen Sinn) mit den Gestaltungsrechten auf den gemeinsamen Nenner der Normsetzungsbefugnis zu bringen. Selbst wenn man *Aliprandis'* Umdeutung der Herrschaftsrechte als Befugnis, dem Richter durch die Klagserhebung eine Ermächtigungsnorm setzen zu können, durch sein Urteil eine individuelle Norm zu setzen, akzeptiert, wird deutlich, daß unter dem Oberbegriff Normsetzungsbefugnis zwei strukturell verschiedene Dinge zusammengefaßt werden: Die Normsetzungsbefugnis der Gestaltungsrechte erstreckt sich auf die Setzung von Verhaltensnormen für den Gestaltungsgegner, die der Herrschaftsrechte auf die Setzung von Ermächtigungsnormen für den Richter. Abgesehen davon, daß die Deutung der Herrschaftsrechte als Befugnis zur Setzung von Ermächtigungsnormen wiederum notwendigerweise subjektivierte Verhaltenspflichten voraussetzt, weil die Geltung der Ermächtigungsnorm durch die Verletzung der Verhaltenspflicht bedingt ist, führt die Zusammenfassung von Gestaltungsrechten und Herrschaftsrechten unter den Begriff der Normsetzungsbefugnis nicht weiter, weil damit der strukturelle Unterschied zwischen der Kompetenz zur Setzung von Verhaltensnormen und dem subjektiven Recht verwischt wird. Um dem „Postulat nach einem Minimum von Begriffen" (*Aliprandis*, Rechtstheorie 1971, S. 130) gerecht zu werden, opfert *Aliprandis* die Leistungsfähigkeit des Begriffes.

[17] *Adomeit* (Gestaltungsrechte, 20) sieht ganz richtig, daß aus normativer Sicht die Kompetenz zur Normsetzung auch die Kompetenz zur Änderung und Aufhebung gesetzter Normen umfaßt, so daß unter Normsetzungsbefugnis auch die Befugnis zur Änderung und Aufhebung geltender Verhaltensnormen zu verstehen ist.

VIII. Gestaltungsrecht und subjektives Recht

Rechtsordnung mit der Einräumung rechtsaufhebender Gestaltungsrechte die Sicherung rechtsgeschäftlich erzeugter Verhaltenspflichten bezweckt.

Dagegen scheint beim Vorkaufsrecht nach positivem Recht dem Träger des Gestaltungsrechts ein Verpflichteter gegenüberzustehen, wenn § 1072 ABGB den Gegner des Vorkaufsberechtigten verpflichtet, diesem die Sache im Falle des Wiederverkaufes zur Einlösung anzubieten. Gleichwohl erweist sich auch hier die h. L. aus normativer Sicht als zutreffend. Der rechtsgeschäftlichen Einräumung eines Gestaltungsrechts, wodurch der Vorkaufsberechtigte ermächtigt ist, durch einseitige rechtsgeschäftliche Erklärung die Sache im Falle des Wiederverkaufes von seinem Vertragspartner zu erwerben, entspricht nicht die Pflicht, die Sache dem Vorkaufsberechtigten anzubieten, sondern die rechtsgeschäftliche Unterwerfung unter die einseitige Normsetzungsbefugnis des Vorkaufsberechtigten[18]. Die Einräumung des Gestaltungsrechtes ist nur Tatbestandteil der Verhaltensnorm des § 1072 ABGB, die rechtstechnisch dem Schutz des Gestaltungsrechts dient. Zwischen dem Gestaltungsrecht und der Verhaltenspflicht des § 1072 ABGB besteht somit kein normatives, sondern ein teleologisches Korrespondenzverhältnis, indem sie es dem Vorkaufsberechtigten ermöglicht, sein Gestaltungsrecht auszuüben. Anders als beim Rücktrittsrecht dient hier nicht das Gestaltungsrecht der Sicherung einer Verhaltenspflicht, sondern die Verhaltenspflicht dient der Sicherung des Gestaltungsrechts. Aus normativer Sicht erweist sich auch hier, daß das Gestaltungsrecht mangels korrespondierenden Pflichtbereichs kein subjektives Recht darstellt, da die Rechtsmacht zur Normsetzung nicht neben einen Unrechtstatbestand als Bedingung einer Zivilsanktion tritt. Wohl aber ist die das Gestaltungsrecht sichernde Verhaltenspflicht des § 1072 ABGB ein subjektives Recht des Vorkaufsberechtigten, soweit ihm die Rechtsmacht eingeräumt ist, bei Verletzung dieser Verhaltenspflicht die Verhängung einer Unrechtsfolge zu initiieren. Da auch der in Ausübung des Gestaltungsrechts erzeugten Verhaltensnorm ein Pflichtbereich korrespondiert (hier: dem Vorkaufsberechtigten die Sache zu übereignen), ist auch diese Verhaltensnorm ein subjektives Recht des Gestaltungsberechtigten.

Die bisherige Untersuchung bestätigt somit die Ansicht der h. L., daß den Gestaltungsrechten — anders als den von ihr so bezeichneten Herrschaftsrechten — kein Pflichtbereich korrespondiert. Entgegen der h. L. folgt jedoch m. E. daraus zwingend, daß Gestaltungsrechte aus normativer Sicht keine subjektiven Rechte sind[19], da diese rechtsformal nichts anderes sind als durch die Einräumung der Klagebefugnis subjektivierte

---
[18] Daß auch diese normativ faßbar ist, wird sogleich darzulegen sein.
[19] So bisher nur *Bucher* (Normsetzungsbefugnis, S. 91), der allerdings das subjektive Recht als Normsetzungsbefugnis definiert.

Verhaltenspflichten[20]. Gestaltungsrechte sind dagegen — und mehr kann bisher noch nicht gesagt werden — Normsetzungsbefugnisse.

Auch *Adomeit*[21] sieht in den Gestaltungsrechten Normsetzungsbefugnisse. Gleichwohl kann *Adomeit* nicht zugestimmt werden, wenn er den Begriff des Gestaltungsrechts auf Rechtsgestaltungen durch zweiseitige Rechtsgeschäfte ausdehnt und somit die Vertragsfreiheit als Gestaltungsrecht qualifiziert[22]. Nun ist es sicher richtig, daß die von der Rechtsordnung eingeräumte Kompetenz, Verhaltensnormen durch zweiseitiges Rechtsgeschäft zu erzeugen, Normsetzungsbefugnis ist, indem die Rechtsordnung das Rechtsgeschäft als Delegationsstufe im Stufenbau der Rechtsordnung anerkennt. Gleichwohl ist das Gestaltungsrecht im herkömmlichen Sinn als Befugnis zur Gestaltung konkreter Rechtsbeziehung durch *einseitiges* Rechtsgeschäft eine *spezifische* Normsetzungsbefugnis, die als solche auch normativ faßbar ist, so daß es nicht sachgerecht ist, den Begriff des Gestaltungsrechtes auch auf Sachverhalte auszudehnen, die nicht durch diese spezifischen Problemstellungen charakterisiert sind. Die Probleme der Privatautonomie sind eben — wie schon *Mayer-Maly*[23] hervorgehoben hat — nicht die spezifischen Probleme des Gestaltungsrechts, so daß eine Ausdehnung des Begriffs „Gestaltungsrecht" in der von *Adomeit* vorgenommenen Weise die systematische Leistungsfähigkeit des Begriffes beeinträchtigt.

Vor allem vermag *Adomeits* Begriff des Gestaltungsrechts nicht mehr die von *Bötticher*[24] zutreffend herausgestellte Situation der „Unterworfenheit"[25] des Gestaltungsgegners unter die einseitige Rechtsgestaltung des Gestaltungsberechtigten zu erfassen. Damit wird aber auch die *normative* Besonderheit der Gestaltungsrechte im herkömmlichen Sinn durch *Adomeits* Begriffserweiterung verwischt. Ein Wollen eines Individuums als Norm im subjektiven Sinn wird nur dann zu einer — für ein anderes Individuum eine Verhaltenspflicht begründende — Norm im objektiven Sinn, wenn das Wollen den Bedingungen entspricht, die von einer höherrangigen Norm für die Transformation eines subjektiven Wollens in eine objektive Norm aufgestellt sind. Zu diesen Bedingungen zählt grundsätzlich, daß das Individuum, das sich nach dem Sinn des

---

[20] Dies ist nur als eine zum Zweck der Entgegensetzung gebrauchte Abbreviatur zu verstehen.
[21] *Adomeit*, Gestaltungsrechte, S. 21. Allerdings mit dem wesentlichen Unterschied, daß er diese Normsetzungsbefugnisse für subjektive Rechte hält.
[22] So ausdrücklich *Adomeit*, Gestaltungsrechte, S. 12; zustimmend *Aliprandis*, Rechtstheorie 1971, S. 129 ff. (132 f.).
[23] *Mayer-Maly*, Bespr. von *Adomeit*, Gestaltungsrechte, Rechtsgeschäfte, Ansprüche, Rechtstheorie 1970, S. 238 f.
[24] *Bötticher*, Gestaltungsrecht und Unterwerfung im Privatrecht, insb. S. 7 ff.
[25] Oder wie *Larenz* (Allgemeiner Teil des bürgerlichen Rechts², S. 172, FN 4 lieber sagen würde: die Gebundenheit.

subjektiven Wollens in irgend einer Weise verhalten soll, an der Erzeugung dieser Norm (qua Rechtsgeschäft) *mitwirkt*. Gerade dieser Grundsatz wird jedoch beim Gestaltungsrecht im herkömmlichen Sinn durchbrochen. Durch die ein Gestaltungsrecht einräumende Norm wird das subjektive Wollen des Gestaltungsberechtigten zur objektiven Verhaltensnorm, ohne daß der Gestaltungsgegner an der Erzeugung gerade dieser Verhaltensnorm mitwirkt. Gerade darin liegt das normativ Spezifische des Gestaltungsrechts, das es von der sonstigen privatautonomen Rechtserzeugung unterscheidet. Diesen fundamentalen Unterschied sollte man nicht dadurch verwischen, daß man die Rechtserzeugung durch zweiseitiges Rechtsgeschäft unter den Begriff des Gestaltungsrechts subsumiert.

Daher ist m. E. das Gestaltungsrecht eine delegierte *autonome* Normsetzungsbefugnis.

IX. Subjektives Recht und Anspruch

Im normlogischen System *Kelsens* hat der Anspruch als materiellrechtliche Kategorie keine eigenständige Funktion. *Kelsen* verwendet den Begriff des Anspruchs entweder synonym mit dem Begriff des subjektiven Rechts („Recht" oder „Anspruch")[1] oder er sieht den Anspruch als prozessualen Akt, das heißt als Ausübung der das subjektive Recht im rechtsformalen Sinn charakterisierenden Rechtsmacht[2]. Das hat *Kelsen* den Vorwurf *Adomeits* eingetragen, für ihn sei der Anspruch nicht mehr als Klagsbefugnis. *Kelsen* sei jedoch entgangen, daß die Person des Berechtigten nicht erst mit der Klagserhebung hervortritt. Deshalb übersehe er auch, daß die Befugnis, vom Verpflichteten das normgemäße Verhalten zu verlangen, eine Vielzahl von Aktivitäten umfasse, die auf die Verwirklichung der Rechtslage gerichtet seien. Richtig ist dabei, daß *Kelsen* in der Tat die Stellung des materiellrechtlichen Anspruchs nicht präzisiert hat und — sofern er ihn für normativ funktionslos hielt[3] —

---

[1] *Kelsen*, Reine Rechtslehre², S. 132.
[2] *Kelsen*, Reine Rechtslehre², S. 140.
Die Konzeption des materiellrechtlichen Anspruches (etwa wie § 194 Abs. 1 BGB) ist auch keineswegs unumstritten. Schon O. v. *Gierke* (Der Entwurf eines bürgerlichen Gesetzbuches und das deutsche Recht [1889], S. 40 f.) hat eingewendet, daß das, was sich als Anspruch zwischen Recht und Klage schieben soll, „uns stets ein fremdhaftes und nebelhaftes Gebilde bleiben" wird. Noch in jüngerer Zeit hat *Wieacker*, AcP 168 (1968), S. 522 ff. (527) den Anspruch als „mißgeborenen Sproß des Zwanges, in die römischen Quellen ein System der materiellen subjektiven Rechte hineinzuinterpretieren" bezeichnet. Vgl. dazu auch *Kaufmann*, Zur Geschichte des aktionsrechtlichen Denkens, JZ 1964, S. 482 ff.
Auch die normative Funktion des materiellrechtlichen Anspruches wurde schon früh bezweifelt; vgl. *Bierling*, Zur Kritik der juristischen Grundbegriffe II (1883), S. 69: „Rechtsanspruch ist niemals etwas anderes, als eine Rechtsnorm in subjektiver Fassung."
[3] So heute *Wieacker*, AcP 168 (1968), S. 522 ff. (527).

auch dessen Funktionslosigkeit nicht begründet hat. Es ist aber eine grobe Verkennung der *Kelsen*schen Lehre, wenn *Adomeit Kelsen* unterstellt, er habe übersehen, daß der Berechtigte nicht erst mit der Klagserhebung hervortritt. Denn für *Kelsen* ist die Klagmöglichkeit — wie schon oben dargelegt wurde[4] — nur das durchschlagendste Mittel, das Verlangen nach normgemäßem Verhalten geltend zu machen, der Transformator, der die objektive Verhaltensnorm subjektiviert, wodurch aber alle übrigen Aktivitäten, mit denen der Berechtigte das pflichtgemäße Verhalten fordert, *rechtlich relevant* werden. Daraus folgt aber, daß *Adomeits* eigenes Verständnis von der Funktion des Anspruches, die er im Anschluß an *Lehmann/Hübner*[5] darin sieht, daß der Anspruch alle im subjektiven Recht gelegenen Möglichkeiten, es nach dem Willen des Berechtigten geltend zu machen, unter einem Generalnenner zusammengefaßt oder genauer: — nach *Adomeits* eigenen Worten[6] — „die vor- und außerprozessuale Geltendmachung durch den Gläubiger legitimiert" mit *Kelsens* Konzeption durchaus in Einklang zu bringen ist.

Neben dieser von *Adomeit* völlig zutreffend herausgestellten teleologischen Funktion des Anspruchsbegriffes[7] kommt ihm aber auch eine spezifisch normative zu[8]: Der Anspruch präzisiert die *Stoßrichtung* des subjektiven Rechts. Das tritt bei den absoluten Rechten deutlicher zu Tage als bei den relativen. Beim rechtsgeschäftlich begründeten Forderungsrecht ist der Adressat (Schuldner) des subjektiven Rechts des Gläubigers, also der Verhaltensnorm, die den Schuldner zu einem bestimmten Tun oder Unterlassen verpflichtet und zu deren Geltendmachung der Gläubiger die Rechtsmacht hat, schon dadurch eindeutig bestimmt, daß er an der rechtsgeschäftlichen Begründung eben dieser Verhaltensnorm mitgewirkt hat[9]. Da mit der Entstehung des Forderungsrechtes der Schuldner bestimmt ist, bedarf es nicht mehr des Anspruches, um diejenige Person zu bezeichnen, gegen die sich das konkrete prozessuale oder außerprozessuale Leistungsverlangen des Gläubigers legitimerweise rich-

---

[4] Siehe oben VI, 2, e; *Kelsen*, Hauptprobleme², S. 626.
[5] *Lehmann/Hübner*, Allgemeiner Teil des bürgerlichen Rechts¹⁶, S. 95.
[6] *Adomeit*, Gestaltungsrechte, S. 33.
[7] Er erfüllt noch andere Funktionen. In § 194 Abs. 1 BGB erfüllt er die dogmatische Funktion, die Verjährungswirkung zu begrenzen. Seine systematische Funktion besteht darin, die im subjektiven Recht beschlossenen Machtinhalte zu gliedern. Vgl. dazu *Lehmann/Hübner*, Allgemeiner Teil¹⁶, S. 95.
[8] Damit ist nicht gesagt, daß auf den Begriff des materiellrechtlichen Anspruches aus normativer Sicht nicht verzichtet werden könnte. Ich stimme mit *Wieacker* (AcP 168, S. 527) überein, daß das Phänomen, das mit dem Anspruchsbegriff erfaßt wird, auch mit der Vorstellung des „ausgeübten Rechts" erklärbar ist. Hier soll nur gezeigt werden, daß auch der materiellrechtliche Anspruch normativ faßbar ist.
[9] Aus Gestaltungsrechten entstehen keine Ansprüche. Ihre Ausübung führt ohne Mitwirkung des Gestaltungsgegners zur Rechtsänderung, so daß es keiner Verpflichtung des Gestaltungsgegners bedarf, die Rechtsänderung durch sein Verhalten herbeizuführen.

tet. Hieraus erklärt sich auch, daß nach herrschender und richtiger Auffassung die Begriffe Anspruch und Forderung identisch sind[10].

Ganz anders verhält es sich dagegen bei den absoluten Rechten. Die Sachnutzung des Eigentümers z. B. ist durch absolute Verhaltenspflichten geschützt, d. h. durch die Verpflichtung *aller* übrigen Rechtsgenossen, den Eigentümer in seinem sachlichen Bereich nicht zu beeinträchtigen. Das subjektive Recht des Eigentümers ist im rechtsformalen Sinn die Verhaltenspflicht aller übrigen Rechtsgenossen[11], Beeinträchtigungen der dem Eigentümer zugeordneten sachlichen Bereiche zu unterlassen, zu deren Durchsetzung — nötigenfalls mit Klage — dem Eigentümer die Rechtsmacht eingeräumt ist. Der an alle übrigen Rechtsgenossen gerichteten subjektivierten Verhaltenspflicht fehlt jedoch solange ihre konkrete Stoßrichtung, d. h. ihr *relativer* Gehalt, als der Eigentümer in seinem sachlichen Bereich von niemandem beeinträchtigt wird. Erst wenn ein anderer, ohne dazu berechtigt zu sein, den Herrschaftsbereich des Eigentümers beeinträchtigt oder zu beeinträchtigen droht und dadurch seine Verhaltenspflicht verletzt, sind Störer und Störungsverhalten soweit konkretisiert, daß das subjektive Recht des Eigentümers eine ganz bestimmte, relative Stoßrichtung bekommt: Das subjektive Recht wird zum (konkreten) *Anspruch*[12]. Der Anspruch ist somit — um ein verdeutlichendes Bild zu gebrauchen — die Speerspitze des subjektiven Rechts[13].

---

[10] Vgl. statt vieler *Hedemann*, Schuldrecht (1920), S. 28; *Hellwig*, Anspruch und Klagerecht (1925), S. 5; *Enneccerus/Nipperdey*, Allgemeiner Teil, 2. Halbband [15], S. 1365; *Larenz*, Allgemeiner Teil[2], S. 193; *Gschnitzer*, Allgemeiner Teil, S. 63; *Bruns*, Recht und Pflicht als Korrespondenzbegriffe des Privatrechts, FS Nipperdey I, S. 3 ff. (11); a. A. *Coing* in Staudinger BGB I[11], Anm. 2 zu § 194.

[11] Die subjektivierten Enthaltungspflichten aller übrigen Rechtsgenossen stellen sich aus der Sicht des Eigentümers als „abstrakte" Unterlassungsansprüche dar.
Die Anerkennung „abstrakter" Unterlassungsansprüche ist ungefährlich, wenn man erkennt, daß dies nur die normative Konsequenz der Tatsache ist, daß der sachliche Bereich des Eigentümers durch absolute subjektivierte Enthaltungspflichten geschützt ist und daß der „abstrakte" Unterlassungsanspruch nicht der Anspruchsbegriff ist, von dem § 194 BGB ausgeht. So auch völlig zutreffend *Kipp* in Windscheid/Kipp, Pandekten I[9], S. 184 FN 3.

[12] Und zwar je nach der Art des Störungsverhaltens zu einem Unterlassungs-, Beseitigungs- und Herausgabeanspruch.

[13] Die Unterscheidung zwischen abstrakten Ansprüchen, die nur die normative Konsequenz der Anerkennung subjektivierter Enthaltungspflichten der übrigen Rechtsgenossen sind und konkreten Ansprüchen, von denen § 194 BGB spricht, zeigt auch, daß es sich um die Diskussion eines Scheinproblems handelt, wenn gegenüber der Erfassung des Eigentumsrechts als ein gegenüber jedermann wirkendes Ausschlußrecht eingewendet wird, daß dies insofern problematisch sei, als dadurch schon mit dem Erwerb des Eigentums Ansprüche auf Nichtstörung des Rechts gegenüber allen Menschen auf der ganzen Welt entstünden. Vor allem hat *Kohler* (GrünhutsZ. 14, S. 6) ein solches absolutes Recht spöttisch mit einem kräftigen elektrischen Strom verglichen, der die ganze Menschheit bei jedem neu entstehenden dinglichen Recht durchzucke. Auch *Thon* hat diese vermeintliche Konsequenz seiner normativen Betrachtungsweise gescheut und deshalb Ansprüche auf Unterlassung erst mit der gesche-

Die hier vertretene Anspruchskonzeption unterscheidet sich wesentlich von der Buchers. Bei *Bucher* ist das subjektive Recht Normsetzungsbefugnis und dementsprechend definiert er den Anspruch als die in Ausübung der Normsetzungsbefugnis erlassene Norm[14]. Da aber einerseits die „aktuelle" Pflicht im *Bucher*schen Sinn als Korrelat des erhobenen Anspruches[15] für den bisher nur „potentiell" Verpflichteten erst wirksam wird, wenn der Berechtigte ihm gegenüber seinen entsprechenden Willen geäußert hat und andererseits auch *Bucher* zugeben muß, daß etwa der Eigentümer gegen einen konkreten Störer auch schon Unterlassungsansprüche hat, ohne dem Störer vorher mitgeteilt zu haben, daß er eine Beeinträchtigung seines Eigentums nicht wünsche, muß sich *Bucher*, um das Recht des Eigentümers auch ohne dessen Willensäußerung wirksam werden zu lassen, mit der — schon oben als unhaltbar widerlegten[16] — Vermutung des „negatorischen Willens" des Berechtigten[17] helfen. Diese Fiktion wird vermieden, wenn man den Anspruch nicht erst durch eine tatsächliche oder — bei absoluten Rechten — vermutete negatorische Willensäußerung, sondern — als relative Seite des subjektiven Rechts aufgefaßt — allein durch die erfolgte oder drohende Verletzung der subjektivierten Verhaltenspflicht entstehen läßt.

X. Das dingliche Recht aus rechtsformaler Sicht

Oben ist dargelegt worden, daß das Verhaltendürfen kein normatives Strukturelement des subjektiven Rechts darstellt. Im folgenden ist zu prüfen, welche Konsequenzen daraus für eine rechtsformale Betrachtung der dinglichen Rechte, insbesondere des Eigentumsrechts, zu ziehen sind.

---

henen Rechtsverletzung eintreten lassen (Rechtsnorm, S. 156). Nun wäre es freilich wenig sinnvoll, wollte man ernsthaft mit dem Erwerb eines dinglichen Rechts (konkrete) Ansprüche gegen jedermann auf der ganzen Welt entstehen lassen (vgl. die reiche Literatur zu diesem Problem bei *Windscheid/Kipp*, Pandekten I[9], S. 184 FN 3). Hierdurch entstehen nur abstrakte Ansprüche als Konsequenz der an alle übrigen Rechtsgenossen gerichteten subjektivierten Enthaltungspflicht. Wer schon gegen die Vorstellung einer an alle übrigen Rechtsgenossen gerichteten Verhaltenspflicht Bedenken hat, der mag schon beim „Adressatenkreis" der Verhaltenspflicht ansetzen und darunter nur den Personenkreis verstehen, der mit dem rechtlich geschützten sachlichen Bereich in Berührung kommt. Gegen jeden, der in die Lage kommt, das Recht des Berechtigten zu verletzen, richtet sich die Ausschließlichkeit des dinglichen Rechts (*Lehmann/Hübner*, Allgemeiner Teil[16], S. 97). So gesehen verliert der (abstrakte) Anspruch gegen jedermann wohl jeden Schrecken. Gleichwohl argumentiert mit diesem Schreckbild noch *Bruns*, Recht und Pflicht als Korrespondenzbegriffe des Privatrechts, FS Nipperdey I (1965), S. 3 ff. (9), wenn er gegen die Außenseite der dinglichen Rechte als „allgemeine Pflichten aller, sich störender Eingriffe in das Recht zu enthalten", polemisiert.

[14] *Bucher*, Normsetzungsbefugnis, S. 77 f.
[15] *Bucher*, Normsetzungsbefugnis, S. 78.
[16] Siehe oben unter VI, 3.
[17] *Bucher*, Normsetzungsbefugnis, S. 68.

1. Die bisherigen Definitionsversuche des dinglichen Rechts

a) Die Unmittelbarkeit der Sachherrschaft als Merkmal des dinglichen Rechts

Diese schon in früherer Zeit und wohl auch noch heute als herrschend zu bezeichnende Lehre sieht das Wesen der Dinglichkeit in der unmittelbaren rechtlichen Herrschaft über eine Sache[1]. Dinglich sind diejenigen Vermögensrechte, die ein Verhaltendürfen des Berechtigten gegenüber einer Sache beinhalten, ohne daß die Herrschaftsmacht über eine Sache von einer Beziehung des Berechtigten zu bestimmten anderen Personen abhängig ist.

Wenngleich auch § 307 ABGB[2] — zumindest dem Wortlaut nach — auf dieses Wesensmerkmal abzustellen scheint, um die dinglichen von den persönlichen Sachenrechten zu unterscheiden[3], so müssen doch von einer

---

[1] Auf eine eingehende Darstellung der einzelnen Lehrmeinungen muß hier verzichtet werden. Zu diesem Ergebnis gelangen, wenn auch mit unterschiedlicher Begründung: schon *Savigny*, System des heutigen römischen Rechts I, S. 367; *Vangerow*, Lehrbuch der Pandekten I[7] (1863), S. 540; *Puchta/Rudorff*, Pandekten[10] (1866), S. 220; *Keller*, Pandekten[2] (1866), S. 247; *Hofmann*, Dingliche und persönliche, absolute und relative Rechte, GZ 1870, S. 33, 34, 37; *Zitelmann*, Begriff und Wesen der juristischen Person, S. 50, 62, 63; *Unger*, System des österreichischen allgemeinen Privatrechts I[4] (1876), S. 511 - 518; *Stobbe/Lehmann*, Deutsches Privatrecht II (1883), S. 62; *Jhering*, Geist III/1, S. 366; *Jhering*, JhJb. 10, S. 387; *Sohm*, GrünhutsZ 4, S. 458, 472; *Staub*, Die juristische Konstruktion der dinglichen Rechte, ArchBürgerlR 5 (1891), S. 12 (19); *Kohler*, GrünhutsZ 14, S. 6, 7; *Kohler*, JhJb. 18, S. 251, 257; *Wendt*, Rechtssatz und Dogma, JhJb. 19, S. 81; *Crome*, System des deutschen bürgerlichen Rechts III (1905), S. 4; *Dernburg*, Preußisches Landrecht I[4], S. 698, 699; *Dernburg*, System des Römischen Rechts I, S. 36; *Siber*, Zur Theorie von Schuld und Haftung nach Reichsrecht, JhJb. 50, S. 55 (124); *Tuhr*, Der Allgemeine Teil I, S. 63, 204; *Sohm*, Die subjektiven Rechte im deutschen BGB, JhJb. 73 (1923), S. 168 (293); *Heymann*, JW 1917, S. 513, der allerdings in der Unmittelbarkeit der Sachherrschaft nur den Hauptzweck der dinglichen Rechte sieht; *Krainz/Pfaff/Ehrenzweig*, System des österreichischen allgemeinen Privatrechts I[4] (1905), S. 100, sehen entsprechend ihrer Definition des subjektiven Rechts als die vom objektiven Recht geschaffene und von demselben definitiv anerkannten Macht des Einzelnen über irgend einen Gegenstand (81), im dinglichen Recht die Berechtigung, sich selbsthandelnd den Genuß zu verschaffen, den ihm das betreffende Recht zu bieten vermag; an neuerer Literatur vgl. statt vieler *Gschnitzer*, Sachenrecht, S. 55; *Klang* in Klang, Kommentar zum ABGB II[2], S. 51; *Seufert* in Staudinger, BGB III/1[11], Einl. zu §§ 854 ff., Anm. 2; *Wolff/Raiser*, Sachenrecht[10], S. 8; *Enneccerus/Nipperdey*, Allgemeiner Teil, 1. Halbband[15], S. 440. Damit ist nicht gesagt, daß alle diese Autoren die im dinglichen Recht liegende Ausschlußbefugnis gänzlich leugnen. Sie erkennen diese aber nur als Folge der unmittelbaren Sachherrschaft an.

[2] § 307 ABGB: Rechte, welche einer Person über eine Sache ohne Rücksicht auf gewisse Personen zustehen, werden dingliche Rechte genannt. Rechte, welche zu einer Sache nur gegen gewisse Personen unmittelbar aus einem Gesetze oder aus einer verbindlichen Handlung entstehen, heißen persönliche Sachenrechte.

[3] Auf die Unmittelbarkeit der Sachherrschaft und die Möglichkeit realer Machtausübung stellt auch das deutsche BGB ab; vgl. dazu Motive zum BGB III 2, 3; ebenso die §§ 108, 551 des von dem Germanisten *Bluntschli* redigierten

66 1. Teil: Das Eigentum als subjektives Recht

normativen Betrachtungsweise aus dagegen erhebliche Bedenken geltend gemacht werden[4].

In Wahrheit läßt sich auch aus § 307 ABGB kein Argument dafür gewinnen. *Zeiller* selbst hat klar erkannt, daß das Wesen der Dinglichkeit nicht in der Unmittelbarkeit der Sachherrschaft zu sehen ist. Wörtlich führt er in seinem Kommentar zum ABGB[5] zu § 307 ABGB aus: „Die Sachenrechte sind nicht gegen Sachen, mit denen wir in keiner Rechtsgemeinschaft stehen, sie sind, gleich den Personenrechten, gegen Personen gerichtet, aber in Hinsicht auf Sachen entweder um *alle* anderen von einer gewissen Sache *auszuschließen,* oder um eine Sache von einer *bestimmten* Person zu fordern. Darauf beruht der Unterschied zwischen dinglichen und persönlichen Sachenrechten". Im Anschluß daran fügt er für die dinglichen Rechte hinzu: „Hier (sc bei den dinglichen Rechten) heißt es: „Ich habe dieses Recht (z. B. das Eigentums-Servituts- oder Pfandrecht), also bist auch du verbunden, es zu achten[6]."

Die Einwände gegen die Auffassung, die Unmittelbarkeit der Sachherrschaft sei ein Wesensmerkmal des dinglichen Rechts, lassen sich demnach folgendermaßen präzisieren:

Wenn — wie oben nachgewiesen — das Verhaltendürfen kein normatives Merkmal des subjektiven Rechts darstellt, kommt auch dem

---

Zürcher Privatrechtlichen Gesetzbuches; über die Eigentumsdefinitoren anderer Schweizer Kantonalrechte vgl. *E. Huber,* System und Geschichte des schweizerischen Privatrechts III (1889), S. 138, 139.

[4] Bedenken gegen diese Lehre schon bei *Thibaut,* System des Pandektenrechts[8], §§ 63, 158; *Bruns* in Holtzendorff, Encyklopädie[3], S. 354, inkonsequent aber beim Eigentum, in dem er die allgemeine rechtliche Herrschaft der Person über die Sache sieht (379, 384); *Lenel,* Ursprung und Wirkung der Exceptionen, S. 8; *Thon,* Rechtsnorm, S. 218, 223, 291; *Bolze,* Juristische Person, S. 9; *Göppert,* Gesetze haben keine rückwirkende Kraft, JhJb. 22, S. 118; *Seuffert,* Recht, Klage, Zwangsvollstreckung, GrünhutsZ 12, S. 617, 618; *Schuster,* GrünhutsZ 4, S. 586; *Schey,* Über Rechtsverwandlungen, GrünhutsZ 7, S. 766 - 768; 8, S. 112; *Hold von Ferneck,* Die Rechtswidrigkeit, S. 235; *Fuchs,* Das Wesen der Dinglichkeit, S. 11 ff.; *Oertmann,* JhJb. 31, S. 427 - 444 (vgl. aber VII, FN 42); *Hellwig,* Anspruch und Klagrecht (1924), S. 25, 26; anders noch *Hellwig,* Lehrbuch des deutschen Zivilprozeßrechts (1903), S. 200; *Darmstädter,* AcP 151, S. 311; *Nawiasky,* Allgemeine Rechtslehre[2], S. 156; *Kelsen,* Reine Rechtslehre[2], S. 135, 136; *Schluep,* Das Markenrecht, S. 300; *Bucher,* Normsetzungsbefugnis, S. 151 - 155; *Meier-Hayoz,* Berner Kommentar IV[4], S. 71; *Westermann,* Sachenrecht[5], S. 7.

[5] *Zeiller,* Commentar über das allgemeine bürgerliche Gesetzbuch II/1, S. 34, 35; vgl. freilich gegen diese Ansicht *Unger,* System I[4], S. 517; *Schuster,* Über dinglich-persönliche Sachenrechte, Zeitschrift für österreichische Rechtsgelehrsamkeit und politische Gesetzeskunde 1831, I, S. 8. Vgl. auch *Ofner,* Der Urentwurf und die Beratungsprotokolle des ABGB I, S. 213.

[6] Allerdings hat *Zeiller* dieses richtige Ergebnis später nicht mehr so klar zu formulieren vermocht; so stellt er in der 3. Auflage seines Buches „Das natürliche Privatrecht" (1819) für die Dinglichkeit darauf ab, daß der dinglich Berechtigte unmittelbare Befugnisse über die Sache habe (S. 163). Vollends beim Eigentum geht er davon aus, daß es sich hierbei um das Recht handelt, nach Belieben über eine Sache zu verfügen (S. 91).

Verfügendürfen des dinglich Berechtigten über die Sache kein normativer Gehalt zu. Was man gemeiniglich als positive Seite[7] des dinglichen Rechtes bezeichnet, ist als Verfügungsmacht des dinglich Berechtigten über die Sache bei normlogischer Betrachtung irrelevant.

Überdies ist *Oertmann*[8] zuzustimmen, daß die Annahme einer rechtlichen Macht über die Sache schon deshalb unmöglich sei, weil Rechtsnormen das Verhalten von Menschen zu anderen Menschen regeln und Verhaltensanordnungen des Menschen gegenüber Sachen deshalb undenkbar seien[9]. Sachen können demnach weder Subjekte noch Adressaten von Rechtsnormen sein, und damit auch nicht an einem Rechtsverhältnis beteiligt sein[10]. Auch aus diesem Grunde kann die Sachbeherrschung nicht als normativer Sachverhalt angesehen werden.

Nun kann allerdings nicht ernsthaft bestritten werden, daß es der Zweck der dinglichen Rechte ist, dem Rechtsträger den Genuß der Sache zu verschaffen. Aber normlogisch kann dieser Sachverhalt nicht als ein Verhaltendürfen gegenüber der Sache oder als rechtliche Herrschaft über eine Sache gedeutet werden. Denn das Verhaltendürfen, die Verfügungsmacht über die Sache ist nicht das Mittel, mit dem die Rechtsordnung dem Rechtsträger einen sachlichen Bereich zu eigener Verfügung überläßt, sondern es ist vielmehr selbst das Schutzobjekt. Die Frage, worauf eine normlogische Untersuchung Antwort zu geben hat, ist, *wie* das Verhaltendürfen des Rechtsträgers in bezug auf seine Sache den anderen Rechtsgenossen gegenüber geschützt ist.

Es beruht auf einer anderen Fragestellung, wenn man die innere Seite des dinglichen Rechts[11], die Beziehung des Rechtssubjektes zur Sache, in den Vordergrund stellt[12]. Dabei wird auf den Normzweck, das Verschaffen des Genusses an einer Sache abgestellt. Sieht man die innere Seite des dinglichen Rechtes, also das geschützte Interesse des Rechtsträgers an der Sachbeherrschung als Wesensmerkmal des dinglichen Rechtes an, geht man von einer *teleologischen* Betrachtungsweise aus. Wenn auch die Sachherrschaft und damit die Unmittelbarkeit der Sachbeziehung kein normatives Merkmal des dinglichen Rechtes sein kann, so wird doch deutlich, daß das Abstellen auf die innere Seite des dinglichen Rechtes,

---

[7] Namentlich beim Eigentumsrecht.
[8] *Oertmann*, JhJb. 31, S. 427 - 430.
[9] Auch *Kelsen*, Reine Rechtslehre², S. 135, 136; so schon *Kant*, Methaphysische Anfangsgründe der Rechtslehre (1797), S. 81; *O. Gierke*, Der Entwurf eines bürgerlichen Gesetzbuches und das deutsche Recht (1889), S. 282. Siehe auch III, 1.
[10] *Meier-Hayoz*, Berner Kommentar IV⁴, S. 71; *Bucher*, Normsetzungsbefugnis, S. 153.
[11] Zur inneren und äußeren Seite des dinglichen Rechts vgl. *Tuhr*, Der Allgemeine Teil I, S. 133.
[12] Vgl. die in X, FN 1 angegebene Literatur.

also auf den Zweck der normativen Anordnung, ein *teleologisch* relevantes Wesensmerkmal des dinglichen Rechtes aufdeckt[13].

b) *Die Absolutheit des Klageschutzes als Merkmal des dinglichen Rechts*

Eine Reihe von Autoren sieht das Wesensmerkmal des dinglichen Rechts darin, daß es von jedermann zu achten sei und folglich im Fall der Verletzung mit Herausgabe- oder Unterlassungsansprüchen reagiere[14]. Man hat diese Tatsache als Absolutheit des dinglichen Rechts bezeichnet.

In der Tat ist dies das einzige normativ relevante Kriterium, das das dingliche Recht vom obligatorischen Recht unterscheidet. Denn in dieser negativen bzw. äußeren Seite des dinglichen Rechts stellt sich die Beziehung des dinglich Berechtigten zu den übrigen Rechtsgenossen dar und nur in diesem Bereich ist es normativ sinnvoll, von Verhaltensanordnungen an andere Rechtssubjekte zu sprechen, deren Inhalt es ist, die Verfügung des dinglich Berechtigten über seine Sache nicht zu stören. Zum subjektiven Recht des dinglich Berechtigten wird diese objektive, an die übrigen Rechtsgenossen gerichtete Verbotsnorm, dadurch, daß die Rechtsordnung dem dinglich Berechtigten die Befugnis einräumt, die übrigen Rechtsgenossen von einer Einflußnahme auf die Sache durch Klage — entweder durch Herausgabe- oder durch Unterlassungsklage — auszuschließen[15].

---

[13] Nur von einem teleologischen Standpunkt ist es zutreffend, wenn *Ehrenzweig* (System des österreichischen allgemeinen Privatrechts I/1² [1951], S. 129) gegenüber den Einwänden, die gegen *Krainz'* Begriff des dinglichen Rechts (siehe X, FN 1) gemacht wurden, ausführt: „Wenn man dagegen eingewendet hat, es gebe rechtliche Beziehungen nur zwischen Menschen und Menschen, nicht zwischen Menschen und Sachen, und das dingliche Recht sei darum auch ein persönliches, es sei der negative Anspruch gegen jedermann, den Berechtigten im Genuß des Gutes nicht zu stören, so ist das ebenso wahr als gleichgültig, denn diese Erkenntnis kann uns nicht hindern, eben jene besondere Beziehung zu einer Sache, die jedermann respektieren muß als dingliches Recht zu bezeichnen."
[14] *Schey*, GrünhutsZ 7, S. 768; 8, S. 112; *Hold von Ferneck*, Die Rechtswidrigkeit, S. 235; *Rümelin*, Obligation und Haftung AcP 68 (1885), S. 151 (200, 201); *Schmidt-Rimpler*, Eigentum und Dienstbarkeit (1911), S. 35; *Heck*, Grundriß des Sachenrechts (1930), S. 1; *Oertmann*, JhJb. 31, S. 461; auch in AcP 123, S. 132 sieht er die Absolutheit des Rechtsbefehles und des Rechtsschutzes noch als das wesentlichste Merkmal des dinglichen Rechtes an; zustimmend auch *Kühne*, Versprechen und Gegenstand, AcP 140, S. 12; *Kruse*, Das Eigentumsrecht I (1931), S. 185 - 190, II (1935), S. 1443 - 1450; *Darmstädter*, AcP 151, S. 311; *Baur*, Lehrbuch des Sachenrechts⁶, S. 24, 25; *Kelsen*, Reine Rechtslehre², S. 136, 137; *Bucher*, Normsetzungsbefugnis, S. 151 - 155.
[15] Bei den obligatorischen Rechten hingegen ist nur der Schuldner dem Gläubiger zu einer bestimmten Leistung verpflichtet. So wie die Pflicht des Schuldners besteht auch das Recht des Gläubigers als Reflex der Pflicht nur einer bestimmten Person, dem Schuldner gegenüber. Zum subjektiven Recht

X. Das dingliche Recht aus rechtsformaler Sicht

Damit ist auch der Weg gezeigt, wie der Zweck des dinglichen Rechts, als der oben die Sachherrschaft erkannt wurde, normativ zu umschreiben ist. Die Möglichkeit der Sachbeherrschung ergibt sich daraus, daß einerseits der dinglich Berechtigte im Umfang seines Rechts jeden Dritten von der Sache ausschließen kann und andererseits — was schon oben ausgeführt wurde[16] — keine Rechtsnormen bestehen, welche im Rahmen des Rechts die eigene Einwirkung untersagen würden[17].

Gegen die Auffassung, das Wesen der Dinglichkeit in der Absolutheit der dinglichen Rechte zu sehen, wurden allerdings Einwände erhoben.

So hat *Fabricius*[18] gegen diese Lehre eingewendet, sie beruhe auf der Imperativentheorie, die zwar theoretisch denkbar sei, jedoch dem BGB

---

wird dieses Reflexrecht dadurch, daß die objektive Rechtsordnung dem Gläubiger die Möglichkeit einräumt, die Erfüllung der Leistung letztlich durch Klage zu erzwingen. Ein solches Recht besteht aber nicht gegenüber allen anderen Rechtsgenossen, sondern nur gegenüber einer bestimmten Person; es ist daher — normativ betrachtet — ein *relatives* Recht.

[16] Siehe oben VII, 2, b.
[17] *Bucher*, Normsetzungsbefugnis 167; *Meier-Hayoz*, Berner Kommentar IV⁴, S. 71, 102 f.
Wenn *Huber* (Rechtstheorie 1971, S. 249) meint, das normlogische Axiom „Was nicht verboten ist, ist erlaubt" sei nicht viel mehr als eine „erhabene Banalität", weil es eine heute nicht mehr anwendbare Technik der Rechtssetzung voraussetze, die es ermögliche, den Inhalt der Rechtsordnung auf eindeutig formulierte Gebote und Verbote zu reduzieren, kann ihm darin nicht gefolgt werden. Als Beispiel führt er zuerst § 1 StVO an, der ganz wesentlich den Sinn habe, darauf hinzuweisen, daß man sich im Straßenverkehr nicht schon dann richtig verhalte, wenn man kein Gebot oder Verbot der §§ 2 ff. StVO verletze. Auch habe § 242 BGB gerade den Sinn klarzustellen, daß nicht jedes Verhalten, das keinem schuldrechtlichen Gebot zuwiderläuft, zulässig ist. Allerdings hat *Huber* m. E. damit nichts bewiesen. Auch durch Normen wie § 1 StVO wird verboten: Wenn § 1 StVO normiert, daß im Verkehr ständige Vorsicht und gegenseitige Rücksicht zu üben ist und der Verkehrsteilnehmer sein Verhalten so einzurichten hat, daß niemand mehr gefährdet ist, als nach den Umständen unvermeidbar, so ist damit — kurz gesagt — rücksichtsloses Verhalten im Straßenverkehr generell verboten — und damit aber jedes andere Verhalten, sofern es nicht unter ein spezielles Verbot der §§ 2 ff. StVO fällt, erlaubt.
Wenn § 242 BGB dem Schuldner gebietet, die Leistung nach Treu und Glauben mit Rücksicht auf die Verkehrssitte zu erbringen, so ist eben ein solches Verhalten geboten. Die Schwierigkeit liegt nur darin, daß bei generalklauselartigen Verhaltensnormen die Gebote und Verbote nicht so eindeutig formuliert sind, weil Generalklauseln notwendigermaßen unbestimmte Rechtsbegriffe in den Tatbestand aufnehmen müssen und deshalb die Konkretisierungen von Generalklauseln schwieriger sind als die übrigen Fälle der Normkonkretisierungen. Das ändert aber nichts daran, daß auch Normen dieser Art Gebote und Verbote beinhalten, so daß auch unter Einschluß dieser Normen der Inhalt der Rechtsordnung auf Gebote und Verbote reduzierbar ist. Letztlich kann auch *Huber* über die in § 903 BGB ausgedrückte Freiheit des Beliebens des Eigentümers nur sagen, daß sie (für den Bereich des Erlaubten) eine sinnvolle Klarstellung enthält; die normative Wirkung dieses zweiten Teiles der „Eigentumsdefinition" in § 903 BGB scheint demnach auch für *Huber* nicht sicher zu sein.
[18] AcP 162, S. 456 ff. (467 f.).

widerspreche. Bedenken ergäben sich vor allem aus § 823 Abs. 1 BGB. Begreife man das subjektive Recht lediglich als eine Verfügungsmacht über den staatlichen Rechtsschutz, dann könne eine Verletzung eines „sonstigen Rechts" auch nur in einer Verletzung der Verfügungsmacht über den Rechtsschutz bestehen. Dies sei eine Folgerung, die mit § 823 Abs. 1 BGB in offenbarem Widerspruch stehe. Nun führt in der Tat die Rechtsnormtheorie der Imperativentheorie zu diesem Ergebnis und insofern sind die Bedenken *Fabricius'* durchaus begründet. Allerdings übersieht *Fabricius*, daß das Abstellen auf die Absolutheit des Klageschutzes nicht notwendig mit der Imperativentheorie verbunden sein muß. Auch *Kelsens* Lehre führt dazu, das Wesen der Dinglichkeit in der Absolutheit des Klageschutzes zu sehen und *Kelsens* Theorie steht durchaus nicht in Widerspruch zu § 823 Abs. 1 BGB. Der Fehler der Imperativentheorie liegt nämlich — wie oben schon ausgeführt wurde[19] — in ihrer Normentheorie. Wenn nämlich der Imperativ des rechtmäßigen Verhaltens und der Imperativ an das Staatsorgan bei pflichtwidrigem Verhalten Sanktionen zu verhängen in Wahrheit normlogisch nicht verbunden sind, dann ist es richtig, daß durch die Einräumung des Klageschutzes gegenüber jedermann nur der an das Staatsorgan gerichtete Imperativ zum subjektiven Recht des Berechtigten wird, so daß *Fabricius* mit Recht sagen kann, die Verletzung des subjektiven Rechts bestehe nur in einer Verletzung der Verfügungsmacht über den staatlichen Rechtsschutz. Nach *Kelsens* Normentheorie, nach der die Pflicht der Rechtsunterworfenen zu rechtmäßigem Handeln und die Pflicht des Staates mangels eines solchen Verhaltens die Unrechtsfolge zu verhängen, in einer einzigen Norm verbunden werden, wird jedoch durch die Einräumung der Klagemöglichkeit gegen jedermann nicht nur die Sanktionsnorm subjektiviert, sondern auch die Verhaltensanordnung an den Verpflichteten zum subjektiven Recht des Berechtigten. Daraus folgt aber, daß die Verletzung eines „sonstigen Rechts" im Sinn des § 823 Abs. 1 BGB nach *Kelsen* in der Verletzung der Verhaltensnorm, des subjektiven Rechts des Berechtigten, zu sehen ist. Insofern widerspricht nicht das Abstellen auf die Absolutheit des Klageschutzes dem BGB, sondern nur die Konsequenz der Normentheorie der Imperativentheorie[20].

---

[19] Siehe IV, 1 u. 2.
[20] *Fabricius* (AcP 162, S. 468) hält es im Anschluß an *Oertmann* (AcP 123, 129) gerade im Hinblick auf § 226 BGB für bedenklich, das Wesensmerkmal der Dinglichkeit nur in der nach außen gerichteten Verbotswirkung zu sehen. Demgegenüber wurde schon bei FN 47 unter VII, 2, b darauf hingewiesen, daß es dem Gesetzgeber bei der Texturierung von Normen durchaus zukommt, auch auf rechtsteleologische Merkmale abzustellen. Insofern spricht nichts dagegen, Genußhandlungen als Rechtsausübung zu bezeichnen. Allerdings kann dadurch ein rechtsteleologisches Merkmal nicht normativ relevant werden. Überdies muß *Oertmann* in AcP 123, S. 129 (137), wo er das Dürfen des dinglich Berechtigten im Gegensatz zu seinen Ausführungen in JhJb. 31,

X. Das dingliche Recht aus rechtsformaler Sicht

Gegen die Absolutheit des Klageschutzes als Merkmal wurde auch eingewendet, man setzte dingliches und absolutes Recht gleich[21]. Das wäre insofern bedenklich, wenn rechtslogisch ein Unterschied bestünde. Zwar gehören neben den dinglichen Rechten auch noch die Immaterialgüterrechte, die Persönlichkeitsrechte und das Erbrecht zum Kreis der absoluten Rechte. Wenn man auch im Hinblick auf die Immatrialgüterrechte von „geistigem Eigentum" spricht[22], so werden sie dennoch nicht — ebensowenig wie die Persönlichkeitsrechte — als dingliche Rechte bezeichnet[23]. Das hat seinen Grund vor allem darin, daß Immaterialgüter- und Persönlichkeitsrechte, anders als die dinglichen Rechte, die den Schutz eines sachlich-gegenständlichen Bereiches bezwecken, auf den unmittelbaren Schutz der menschlichen Person und ihrer schöpferischen Geisteswerke angelegt sind. Innerhalb der Kategorie der absoluten Rechte sind daher nach dem Rechtszweck die dinglichen Rechte einerseits und die Immaterialgüter und Persönlichkeitsrechte andererseits zu trennen. Andererseits ist es das Kennzeichen aller absoluten Rechte, daß dem Berechtigten die Befugnis eingeräumt ist, alle übrigen Rechtsgenossen von der Einflußnahme auf das Rechtsgut auszuschließen[24]. Daraus ergibt sich im Zusammenhalt mit dem oben über die Absolutheit des Klageschutzes Ausgeführten, daß das dingliche Recht keine *normative* Kategorie darstellt[25]. Von einer normativen Betrachtungsweise aus können die dinglichen Rechte nicht von den Immatrialgüter- und Persönlichkeitsrechten unterschieden werden. Das dingliche Recht ist nur in einer dem Zweck der verliehenen Berechtigung gewidmeten Betrachtungsweise von den übrigen absoluten Rechten zu scheiden[26]. Korrekt muß daher bei

---

S. 415 (insb. S. 427 - 444) als Merkmal des dinglichen Rechts ansehen will, selbst zugeben, daß das gewöhnliche Dürfen, dem die Rechtsordnung gleichgültig gegenübersteht, an das *ausschließliche* Dürfen, das „gegen Antastungen geschützte" Dürfen, in seiner Wirkung nicht heranreicht. Das kann aber wohl nur heißen, daß das Verhaltendürfen des dinglich Berechtigten das geschützte Rechtsobjekt ist, das durch das Ausschlußrecht gegenüber den übrigen Rechtsgenossen geschützt ist.

[21] So *Eichler*, Institutionen des Sachenrechts I (1954), S. 5; für eine Gleichsetzung allerdings ausdrücklich *Fuchs*, Das Wesen der Dinglichkeit, S. 27; *Fuchs*, Sachenrecht und Sache, LZ 1918, S. 351 (353); *Schuster*, GrünhutsZ 4, S. 591.

[22] Vgl. statt vieler *Troller*, Immaterialgüterrecht II (1962), S. 88 ff.

[23] Anders freilich, das ABGB, das die absoluten Rechte als dingliche Rechte bezeichnet (§ 308 ABGB). Deshalb ist auch das Erbrecht kein dingliches, sondern ein absolutes Recht. Es ist kein Recht „über eine Sache" (§ 307 ABGB), sondern ein Recht auf die Verlassenschaft, d. h. auf das Vermögen als Ganzes oder zu einem Bruchteil (so *Gschnitzer*, Erbrecht [1964], S. 49).

[24] Zum Persönlichkeitsrecht als Ausschlußrecht vgl. *Jäggi*, Fragen des privatrechtlichen Schutzes der Persönlichkeit, ZSR NF 79 (1960), S. 137a (167a).

[25] Vom normlogischen Standpunkt aus ist *Schlossmann*, Der Vertrag, S. 257 bis 270 durchaus zuzustimmen, wenn er die Existenz des dinglichen Rechts leugnet. Sein Fehler liegt allerdings darin, daß er nicht erkennt, daß dieser Kategorie in teleologischer Betrachtung entscheidende Bedeutung zukommt.

[26] So schon *Thon*, Rechtsnorm, S. 173; vor allem aber *Bierling*, Kritik der

normativer Betrachtungsweise von „absoluten" und „relativen" Rechten, bei teleologischer von „dinglichen Rechten", „Immaterialgüter- und Persönlichkeitsrechten" und „obligatorischen" Rechten gesprochen werden[27]. Die Begriffe „dingliches Recht" und „obligatorisches Recht" sind keine normativen Kategorien[28].

Von teleologischer Sicht ist es durchaus richtig, die Unmittelbarkeit der Sachbeziehung als Wesensmerkmal der Dinglichkeit anzusehen.

So kann auch *Fabricius*[29] nicht zugestimmt werden, wenn er — selbst von einer teleologischen Betrachtungsweise ausgehend — die Unmittelbarkeit der Sachbeziehung nicht als Wesensmerkmal der Dinglichkeit anerkennen will. Indem *Fabricius* Sachbeziehung einfach mit Objektsbeziehung gleichsetzt, gelangt er dazu, auch bei obligatorischen Rechten eine unmittelbare Objektsbeziehung annehmen zu können. Das Objekt, zu dem auch bei obligatorischen Rechten eine unmittelbare Beziehung bestehen soll, sieht er im Interesse des Gläubigers an der Geltendmachung der Verpflichtung. Nun mag es zwar durchaus richtig sein, daß der Gesetzgeber das Interesse des Gläubigers als vermögenswertes Rechtsgut ausgestaltet hat, doch liegt der Fehler von *Fabricius* darin, daß er Sachbeziehung und Objektsbeziehung gleichsetzt und dadurch gerade den teleologisch relevanten Unterschied zwischen dinglichem und obligatorischem Recht verwischt. Das dingliche Recht zeichnet sich aber nicht nur durch die Unmittelbarkeit der Objektsbeziehung aus, die es durchaus mit den obligatorischen Rechten gemeinhaben kann, sondern vielmehr wird als Objekt eine (körperliche) *Sache*[30] unmittelbar erfaßt. Gerade das unterscheidet — teleologisch gesehen — das dingliche vom obligatorischen Recht.

Der Einwand *v. Tuhrs*[31], daß es der Anschaulichkeit der Begriffe abträglich sei, das Wesen des dinglichen Rechts in dessen Absolutheit zu sehen, trifft für eine teleologische Betrachtungsweise durchaus zu. Aller-

---

juristischen Grundbegriffe II, S. 177; *Oertmann*, JhJb. 31, S. 462, 463; *Schloßmann*, JhJb. 45, S. 344.

[27] So auch *Kelsen*, Reine Rechtslehre², S. 136, 137.

[28] Nun mag es unter Umständen schwierig sein, die dinglichen Rechte von den obligatorischen Rechten zu unterscheiden, die wie die dinglichen Rechte auf Sachgenuß gerichtet sind (z. B. Miete, Pacht). Wenn *Oertmann* (JhJb. 31, S. 463) als Abgrenzungskriterium den Umfang des Sachgenusses ansehen will, kann ihm darin nicht gefolgt werden, weil auch beschränkte dingliche Rechte nur einen eingeschränkten Sachgenuß gewähren. Von einem teleologischen Gesichtspunkt aus können beschränkte dingliche Rechte von den auf Sachgenuß gerichteten obligatorischen Rechten überhaupt nicht geschieden werden. Das einzig mögliche Abgrenzungskriterium ist in der absoluten Wirkung der dinglichen Rechte zu sehen, denn auch die beschränkten dinglichen Rechte wirken innerhalb ihrer beschränkten Verfügungsbefugnis über die Sache absolut, während die obligatorischen Rechte auf Sachgenuß nur relativ wirken.

[29] *Fabricius*, AcP 162, S. 472, 473.

[30] *Westermann*, Sachenrecht⁵, S. 7.

[31] *Tuhr*, Der Allgemeine Teil I, S. 93.

dings vermag er gegenüber einer rechtsformalen Betrachtungsweise — und nur eine solche war Gegenstand der bisherigen Untersuchungen — nicht zu überzeugen. Eine normlogische Untersuchung hat nur die Ausgestaltung der normativen, dem Schutz bestimmter Rechtspositionen dienenden Anordnungen zum Gegenstand. Deshalb kann sie auch nur die Frage nach der Form des Schutzes beantworten. Der Normzweck ist nicht ihr Erkenntnisgegenstand. Allerdings wird dadurch die Grenze jeder normativen Betrachtungsweise sichtbar. Gewisse Ausformungen eines sozialen Sachverhaltes vermag die normative Methode nicht mehr zu erfassen, weil sie außerhalb ihres Erkenntnisgegenstandes liegen. So ist es auch in unserem Fall. Der *Zweck* der Gewährung von Befugnissen kann in einem rechtsformalen Begriff keine Aufnahme finden. Diesen klarzulegen ist Aufgabe einer teleologischen Untersuchung, die die rechtsformale zu ergänzen hat.

c) Die güterzuordnende Funktion als wesentliches Merkmal des dinglichen Rechts

Die Unmittelbarkeit der Sachbeziehung und die Absolutheit des Klageschutzes können nach der Meinung von *Westermann* keine zureichende Erklärung des Wesens der dinglichen Rechte geben[32]. Das Wesen der Dinglichkeit sieht *Westermann* im Anschluß an *Wieacker*[33] in der güterzuordnenden Funktion der dinglichen Rechte, als deren Ausflüsse er die Unmittelbarkeit der Sachbeziehung und die Absolutheit des Klageschutzes versteht.

Nach dem bisher Ausgeführten ist es wohl einleuchtend, daß auch *Westermanns* Theorie zur normativen Erfassung der dinglichen Rechte nichts beitragen kann. Es ist zwar kaum bestreitbar, daß es die Hauptaufgabe des Sachenrechts ist, bestimmten Personen einen bestimmten sachlichen Bereich zuzuordnen. Aber letztlich kann diese Güterzuordnung wieder nur durch Ausgrenzung eines ausschließlichen Herrschaftsbereiches mittels Gewährung absoluter Ausschlußbefugnis des dinglich Berechtigten erfolgen.

Aber auch aus teleologischer Sicht müssen gegen *Westermanns* Lehre Bedenken erhoben werden. *Westermann* selbst verkennt nicht, daß nicht nur dinglichen Rechten, sondern auch allen anderen Vermögensrechten Zuordnungsfunktion zukommt[34]. Da aber die Zuordnung nichts anderes bedeutet als die Zugehörigkeit des betreffenden Gegenstandes zum Ver-

---

[32] Sachenrecht[5], S. 7.
[33] *Wieacker*, Die Forderung als Mittel und Gegenstand der Vermögenszuordnung, in: Deutsche Rechtswissenschaft 1941, S. 49 ff.; *Wieacker*, Zum System des deutschen Vermögensrechtes (1941); *Wieacker*, Sachbegriff, Sacheinheit, Sachzuordnung, AcP 148 (1943), 57 ff.
[34] Sachenrecht[5], S. 8, 9.

mögen des Berechtigten³⁵ und die Frage nach der Rechtszuständigkeit wohl für jedes subjektive Recht beantwortet werden muß, ist es zweifelhaft, ob die Zuordnungsfunktion gerade das Wesen der dinglichen Rechte zureichend erklären kann³⁶. Der Gedanke der Zuordnung kann — wie *Raiser* eingewendet hat³⁷ — vor allem nicht die wesentlichen Aufgaben der dinglichen Rechte innerhalb des Zivilrechtssystems, die in der Anerkennung, Verteilung und Begrenzung der Sachherrschaft des einzelnen innerhalb der Rechtsgemeinschaft bestehen, umfassend beschreiben. Überdies kann die Zuordnungslehre nicht erklären, warum es einerseits Rechtsverhältnisse gibt, die zwischen zwei Rechtssubjekten bestehen und andererseits Rechtsverhältnisse, die eine Ausschlußwirkung gegenüber allen anderen Rechtsgenossen entfalten³⁸. *Schultze-von Lasaulx*³⁹ hat gegen *Westermanns* Zuordnungslehre noch eingewendet, daß es nicht einsichtig sei, daß die Unmittelbarkeit der Sachbeziehung einen Ausfluß der Zuordnung darstelle; vielmehr dokumentiere sich die Zuordnung selber in der Unmittelbarkeit der Sachbeziehung⁴⁰.

Somit vermag der Gedanke der Zuordnung weder aus normativer noch aus teleologischer Sicht das Wesen der Dinglichkeit zu beschreiben⁴¹.

d) Die sonstigen Definitionsversuche des dinglichen Rechts

Die Kombinationstheorie sieht das Wesen der Dinglichkeit sowohl in der Absolutheit des Klageschutzes als auch in der Unmittelbarkeit der

---

³⁵ *Westermann*, Sachenrecht⁵, S. 9.
³⁶ Bedenken dieser Art bei *Eichler,* Institutionen des Sachenrechts, S. 10; *Schultze-von Lasaulx,* AcP 151, S. 455.
³⁷ *Raiser,* JR 1955, S. 118.
³⁸ Ähnlich auch *Seufert* in Staudinger, BGB III/1¹¹, Einl., 2.
³⁹ *Schultze-von Lasaulx*, AcP 151, S. 455. Aus rechtsformaler Sicht ist es jedoch abzulehnen, wenn *Schultze-von Lasaulx* die Absolutheit des Klageschutzes aus der Zuordnung ableiten will und das Wesen der Dinglichkeit nur in der Unmittelbarkeit der Sachbeziehung sieht. *Schultze-von Lasaulx* verkennt, daß das Verhältnis von Zuordnung und Absolutheit des Klageschutzes keine Ursache-Wirkung-, sondern eine Zweck-Mittel-Relation darstellt.
⁴⁰ Dem stimmt auch *Fabricius*, AcP 162, S. 472 zu.
⁴¹ Kritisch gegenüber *Westermanns* Zuordnungslehre J. v. *Gierke,* ZHR 115 (1952), S .223 (226); *Meier-Hayoz*, Berner Kommentar IV⁴, S. 75; *Wolff/Raiser,* Sachenrecht¹⁰, S. 4; zustimmend *Bärmann,* Das Wohnungseigentum (1958), S. 143, 144; *Kronstein,* FamRZ 1959, S. 171 - 173. Außerdem hat schon *Raiser* (in Schlegelberger, Rechtsvergleichendes Handwörterbuch II [1929], S. 772) gegenüber der schon vor *Westermann* von *Puntschart* (Das Inwärts-Eigen im österreichischen Dienstrecht des Mittelalters SZ Germ. Abt. 43 [1922], S. 66), *Brinz* (Lehrbuch der Pandekten I², [1877], S. 471, 472) und *Wirth* (Beiträge zur Systematik des römischen Civilrechts [1856], S. 31) vertretenen Zuordnungslehre den nicht unbegründeten Verdacht ausgesprochen, daß sie das Eigentumsrecht mit dem Eigentumsobjekt identifiziere und deshalb das Eigentumsrecht vom Vermögen nur schwer trennen könne, zumal gerade das Vermögen in der Summe des einer Person Zugeordneten bestehe.

Sachherrschaft[42]. Gegen diese Theorie wäre dann nichts einzuwenden, wenn deren Vertreter erkennen würden, daß die Absolutheit des Klageschutzes die normative Seite, die Unmittelbarkeit der Sachherrschaft die teleologische Seite der dinglichen Rechte darstellt. Indessen lassen aber die Ausführungen der Kombinationstheoretiker eine solche methodisch saubere Unterscheidung vermissen. Vielmehr verführt diese Theorie dazu, die Absolutheit des Klageschutzes als Folge der unmittelbaren Sachherrschaft zu deuten. Das zeigt sich deutlich in der Lehre *Livers*[43], der den Grund für die Wirkung der dinglichen Rechte gegenüber jedermann in der Unmittelbarkeit der Sachbeherrschung sieht. Darin liegt freilich keine Fortentwicklung der Kombinationstheorie — wie *Meier-Hayoz*[44] irrtümlich gemeint hat —, sondern eine methodisch bedenkliche Verkennung der wahren Relation zwischen Absolutheit und Unmittelbarkeit der Sachherrschaft. Unmittelbarkeit der Sachherrschaft und Absolutheit stehen nämlich in einer Zweck-Mittel-Relation und nicht in einem Grund-Folge-Verhältnis[45].

Von den bisherigen Definitionsversuchen unterscheidet sich noch die Ansicht *Pflügers*[46]. Er hält die Einteilung in dingliche und obligatorische Rechte für verfehlt. Vielmehr teilt er die Rechte in Besitzrechte und Forderungsrechte, wobei beide dinglich oder persönlich sein können. Ein dingliches Besitzrecht wie ein dingliches Forderungsrecht liegen dann vor, wenn sie im Konkurs ein Aussonderungs- oder ein Absonderungsrecht gewähren. Gegen *Pflügers* Lehre ist allerdings einzuwenden, daß er eine Folgeerscheinung der Absolutheit des Klageschutzes zum Wesensmerkmal der dinglichen Rechte erhebt.

---

[42] So vor allem *Eichler*, Institutionen des Sachenrechts, S. 6; *Baur*, Sachenrecht⁶, S. 6; die Kombinationstheorie wird vor allem in der Schweiz vertreten; *Haab* im Zürcher Kommentar zum ZGB IV, 1. Teil², Einleitung Note 58, S. 28, 29; *Tuor/Schnyder*, Das Schweizerische Zivilgesetzbuch⁸ (1968), S. 480 ff.; *Meier-Hayoz*, Berner Kommentar IV⁴, S. 73; *Meier-Hayoz*, Vom Wesen des Eigentums, FS Oftinger (1969), S. 171 (175).
[43] *Liver*, Zürcher Kommentar zum Sachenrecht, Die Grunddienstbarkeiten (1968), Einleitung Note 3.
[44] *Meier-Hayoz*, FS Oftinger, S. 175.
[45] So vor allem *Bucher*, Normsetzungsbefugnis 155, der die Absolutheit richtig als Mittel und die Unmittelbarkeit der Sachherrschaft als Zweck deutet und deshalb zulässigerweise von einer Ursache (Absolutheit)-Wirkung (Unmittelbarkeit der Sachherrschaft)-Relation sprechen kann. Auf einem völligen Mißverständnis der *Bucher*schen Lehre beruht es, wenn *Meier-Hayoz* meint, daß *Bucher* das Verhältnis von der Sachzuordnungsfunktion zur Ausschlußbefugnis als Relation von Mittel und Zweck sieht (Berner Kommentar IV⁴, S. 74).
[46] *Pflüger*, Über das Wesen der Dinglichkeit, AcP 79, S. 406 (414, 415); *Pflüger*, Über die rechtliche Natur der Reallasten, AcP 81, S. 292 (294, 295); *Pflüger*, Die Vollstreckungspfändung als Prüfstein der Dinglichkeit, AcP 83, S. 352 ff.
Gegen *Pflüger*, wenn auch mit verschiedenen Gründen, *Schwind*, JhJb. 33, S. 108, 109 FN 1; *Lehmann/Stobbe*, Deutsches Privatrecht II, § 76 FN 8; *Windscheid/Kipp*, Pandekten I⁹, S. 169; *Dnistrjanskyi*, Dingliche und persönliche Rechte, JhJb. 78, S. 87 (95, 98).

Nicht überzeugen können auch die Versuche von *Löning*[47] und *Heck*[48], das Wesen der Dinglichkeit in der Dauer des Rechtsverhältnisses zu erblicken[49]. Wenn *Heck* in den dinglichen Rechten eine „Organisationsform für soziale Dauerverhältnisse" sieht, so muß ihm mit *Westermann*[50] entgegengehalten werden, daß es auch im Schuldrecht Rechte gibt, die auf dauernden Genuß gerichtet sind (z. B. Miete, Pacht, Gesellschaft) und daß es andererseits im Bereich des Sachenrechts Rechte gibt, die nur kurzlebige Verwertungsrechte darstellen (z. B. Pfandrechte)[51].

2. Das dingliche Recht aus rechtsformaler Sicht — Ergebnis

Zusammenfassend kann als Ergebnis einer rechtsformalen Betrachtung der dinglichen Rechte festgehalten werden:

a) Das normativ relevante Merkmal der dinglichen Rechte ist die Absolutheit des Klageschutzes.

b) Dieses normative Merkmal haben sie mit den Persönlichkeits- und Immaterialgüterrechten und dem Erbrecht gemein.

c) Die dinglichen Rechte einerseits und die Persönlichkeits- und Immaterialgüterrechte und das Erbrecht andererseits lassen sich rechtsformal nicht unterscheiden, da mit all diesen Rechten die Befugnis für den Rechtsträger verbunden ist, alle übrigen Rechtsgenossen von der Einflußnahme auf das Rechtsgut auszuschließen.

d) Eine Unterscheidung dieser Gruppen von Rechten innerhalb der absoluten Rechte ist nur aus teleologischer Sicht möglich. Während die dinglichen Rechte den Schutz eines sachlich-*gegenständlichen* Bereiches bezwecken, dienen die Persönlichkeits- und Immaterialgüterrechte dem unmittelbaren Schutz der menschlichen Person und ihrer geistigen Leistungen. Das Erbrecht dient dazu, einem gewissen, entweder durch das Gesetz oder durch den Willen des Erblassers bestimmten Personenkreis, das gesamte Vermögen des Erblassers entweder als ganzes oder in Bruchteilen zu sichern.

---

[47] *Löning*, Die Grundstücksmiete als dingliches Recht (1930).
[48] *Heck*, Grundriß des Sachenrechts, S. 3.
[49] Auf die Dauer des Rechtsverhältnisses stellen auch *Radbruch*, Vorschule der Rechtsphilosophie (1947), S. 56 und *Tobler*, Die dinglichen Rechte des ZGB (1953), S. 12 ab; speziell für das Eigentum schon *Girtanner*, Die Rechtsstellung der Sache und der Eigentumsbegriff in besonderer Rücksicht auf Sachgesamtheiten, Accession und Miteigentum JhJb. 3 (1859), S. 90.
[50] *Westermann*, Sachenrecht[5], S. 6.
[51] Als erster hat wohl *Dnistrjanskyi*, JhJb. 78, S. 101 (129) auf die Dauer des Rechtsverhältnisses als Merkmal der Dinglichkeit abgestellt, wenn er das dingliche Recht als das wirtschaftliche Betätigungsrecht an einem Gut bezeichnet und des näheren den Unterschied zwischen den dinglichen und obligatorischen Rechten darin sieht, daß letztere nur auf kurze Dauer bestimmt sind.

e) Demnach stellt das dingliche Recht keine normative, sondern eine teleologische Kategorie dar. Normativ gesehen ist das dingliche Recht ein absolutes Recht.

XI. Das Eigentumsrecht als absolutes Recht

Wenn oben gezeigt wurde, daß das dingliche Recht normativ nur als absolutes Recht gedeutet werden kann, dann kann auch die normative Struktur des Eigentumsrechtes als „Prototyp des dinglichen Rechts" nur in einem absoluten Ausschlußrecht gesehen werden[52]. Von den übrigen Rechten, die aus teleologischer Sicht beschränkte dingliche Rechte genannt werden, unterscheidet sich das Eigentumsrecht dadurch, daß es eine umfassende Ausschließungsbefugnis statuiert. Der Eigentümer ist befugt, alle übrigen Rechtsgenossen von allen möglichen Einwirkungen auf die Sache mittels Klage auszuschließen, das heißt, er kann die Sache von dem, der sie entzogen hat, herausverlangen, bzw. dem, der auf die Sache in irgendeiner Weise störend eingreift, die Störung untersagen[53].

Die beschränkten dinglichen Rechte, die — normativ gesehen — keine umfassende Ausschließungsbefugnis statuieren, geben nur die Möglichkeit, in dem durch das betreffende Recht begrenzten Umfang die Einwirkung auf die Sache zu untersagen.

Eine Umschreibung des Eigentumsrechtes, die nur normative Elemente in sich aufnimmt, muß demnach lauten: Das Eigentumsrecht ist dasjenige subjektive, absolute Recht, das einen umfassenden Klageschutz gegenüber jedermann statuiert, weil der Rechtsträger berechtigt ist, jede Einflußnahme auf die Sache zu untersagen. Aus teleologischer Sicht ist das Eigentumsrecht dasjenige subjektive Recht, das insofern eine umfassen-

---

[52] Dafür auch neben den in X, 1, b, FN 14 angegebenen Autoren besonders für das Eigentumsrecht *Schloßmann*, JhJb. 45, S. 327 - 332, 338, 339; *Pfersche*, Österreichisches Sachenrecht I (1893), S. 31; *Krcmar*, Glossen zur neuesten Bearbeitung des Rechtes der allgemeinen bürgerlichen Gesetzbuches, ZBl. 50, S. 81 (85, 89); *Prager*, Eigentum und Staatsgebiet, ÖZöffR 14, S. 611 (613); dagegen wohl auch neben den in X, 1, a FN 1 angegebenen Autoren besonders für das Eigentum schon *Pagenstecher*, Die römische Lehre vom Eigentum (1857), S. 3; *Hartmann*, Rechte an eigener Sache, JhJb. 17 (1879), S. 69 (130); *Randa*, Das Eigentumsrecht I² (1893), S. 1; *Raiser*, Das Eigentum als Rechtsbegriff in den Rechten West- und Osteuropas, RabelsZ 26 (1961), S. 230 (231); *Larenz*, Methodenlehre², S. 183. Auch der soziologisch orientierte Eigentumsbegriff *Schwiedlands* (Das Eigentum [1918], S. 3) betont eher das Ausschlußrecht (vgl. auch Darmstätter, AcP 151, S. 333): Aus der Achtung der tatsächlichen Verfügung durch die übrigen Rechtsgenossen folgt der Schutz gegen Eingriffe; dadurch erwache die Vorstellung eines rechtmäßigen, sozial gebilligten Besitzes, des *Eigentums*, der Befugnis des Gebrauches und der Verfügung über den Gegenstand.
[53] Das heißt natürlich nicht nur, daß der Eigentümer klagen darf, sondern daß seine Klage auch Aussicht auf Erfolg hat, d. h. daß das Staatsorgan durch Zwangsmittel den Störer an der Fortsetzung der Störung hindert.

de, unmittelbare Sachherrschaft gewährt, als der Rechtsträger mit einer Sache nach Belieben verfahren darf, soweit das objektive Recht eine unmittelbare Sachbeherrschung hinsichtlich der betreffenden Sache zuläßt[54].

---

[54] Die beschränkten dinglichen Rechte unterscheiden sich teleologisch gesehen vom Eigentumsrecht dadurch, daß sie nur in einem durch das betreffende Recht begrenzten Umfang eine Sachbeherrschung gewähren. Die Beschränkbarkeit des Eigentums durch normative Anordnungen wurde absichtlich nur in den teleologischen Eigentumsbegriff aufgenommen. Der Grund dafür wird im 2. Teil, III, gezeigt.

Zweiter Teil

Exkurs: Die Eigentumsbeschränkung aus rechtsformaler Sicht

I. Zur normativen Struktur der Eigentumsbeschränkungen

Im Rahmen der bisherigen Untersuchung ging es u. a. um die Frage, wie die Rechtsordnung das Verhaltendürfen des Eigentümers gegenüber einer bestimmten Sache schützt; die rechtsformale Erfassung des subjektiven Eigentums*rechtes* stand im Mittelpunkt der bisherigen Untersuchung. Diese Umschreibung des Eigentumsrechtes gibt allerdings keinen Ausblick auf die Eigentumsbeschränkungen frei.

Nun bedarf es wohl keines besonderen Nachweises, daß dem Eigentümer keine unbeschränkte Herrschaftsmacht zukommt, sondern daß er vielmehr vielfältige Einschränkungen seiner Rechtsmacht ertragen muß.

Für eine rechtsformale Untersuchung stellt sich demnach die Frage, *wie* die Rechtsordnung dem Eigentümer Beschränkungen seiner Rechtsmacht auferlegt, d. h. es muß die Frage nach der normativen Struktur der Eigentumsbeschränkungen gestellt werden.

Alle Arten von Eigentumsbeschränkungen sind aus normativer Sicht Verhaltenspflichten[1] des Eigentümers statuierende Verhaltensnormen. Dabei lassen sich zwei Typen von Eigentumsbeschränkungen unterscheiden: Eigentumsbeschränkungen, die einem oder mehreren Individuen ein ansonsten verbotenes Verhalten erlauben und Eigentumsbeschränkungen ohne einer derartigen Erlaubnisfunktion.

1. Eigentumsbeschränkungen, die anderen Individuen ein ansonsten verbotenes Verhalten erlauben

Eine normative Betrachtung der Eigentumsbeschränkungen braucht sich nicht darauf zu beschränken, die Eigentumsbeschränkungen als Verhaltensnormen zu deuten. Sie kann auch deren Erlaubnisfunktion erfassen.

Hierzu kann auf Überlegungen zurückgegriffen werden, die schon bei der Behandlung der normativen Relevanz erlaubender Normen angestellt wurden[2].

---
[1] Dadurch wird der Eigentümer entweder verpflichtet, Einwirkungen Dritter auf seinen sachlichen Bereich zu dulden oder sich beim Gebrauch der Eigentumsobjekte in bestimmter Weise zu verhalten.
[2] Siehe oben unter V, 2, b.

Ich habe dort ausgeführt, daß erlaubende Normen nur dann normlogisch sinnvoll sind³, wenn sie von einem allgemeinen Verbot entheben⁴; d. h. einem Menschen wird ein bestimmtes, ansonsten verbotenes Verhalten durch eine Norm erlaubt⁵. Wenn nun im Falle des Eigentumsrechtes allen Nichteigentümern von der Rechtsordnung verboten ist, den dem Eigentümer zugeordneten sachlichen Bereich zu verletzen und demgemäß der Eigentümer alle übrigen Rechtsgenossen von diesem sachlichen Bereich ausschließen kann, ist jedem Dritten das allgemeine Verbot auferlegt, den sachlichen Bereich des Eigentümers nicht zu beeinträchtigen. Nun ist allerdings die Rechtsordnung reich an Bestimmungen, die diese allgemeine Verbotsnorm — bildlich gesprochen — durchbrechen. Vor allem im Bereich des Nachbarrechts finden sich zahlreiche erlaubende Rechtsnormen, die den Geltungsbereich der alle Beeinträchtigungen untersagenden Verbotsnorm einschränken. Erwähnt sei in diesem Zusammenhang das Überhangsrecht (§ 422 ABGB)⁶. Als weitere Fälle solcher eigentumsbeschränkender Normen, denen die Struktur erlaubender Rechtssätze eigen ist, seien das Verfolgungsrecht zahmer Tiere auf fremden Grund (§ 384 ABGB), das Überbaurecht (§ 912 BGB) und das Notwegerecht⁷ angeführt.

Aber nicht nur im Nachbarrecht, sondern auch im Bereich der Eigentumsbeschränkungen aus überwiegendem Einwirkungsinteresse⁸ finden wir Fälle, in denen durch erlaubende Normen das allgemein wirkende Beeinträchtigungsverbot eingeschränkt wird, so z. B. im Fall des Notstandes⁹. Auch § 364 a ABGB zeigt deutlich, wie eine Erlaubnisnorm die Ausschließungsbefugnis des Eigentümers einschränken kann: Wird eine nachbarliche Liegenschaft durch Immissionen einer behördlich genehmigten Anlage in einer das ortsübliche Maß überschreitenden Weise beeinträchtigt, ist der Eigentümer nicht berechtigt, die Unterlassung der

---

³ Abgesehen von den eine Normsetzungskompetenz einräumenden Ermächtigungsnormen.
⁴ Dem kann nicht entgegengehalten werden, daß auch dieser Sachverhalt ohne die Annahme von erlaubenden Normen beschrieben werden kann, da es sich hierbei nur um Einschränkungen der Verbotsvoraussetzungen handle. Denn die Verbotsvoraussetzungen werden ja durch das rechtstechnische Mittel — unselbständiger — Erlaubnisnormen eingeschränkt.
⁵ Das wird besonders im Fall der Notwehr deutlich. Gewaltanwendung eines Menschen gegen einen anderen ist an sich verboten. Durch die Norm, die besagt, daß im Falle einer Notwehr die Gewaltanwendung dem Täter nicht zugerechnet wird, wird der Geltungsbereich der die Gewaltanwendung verbietenden Norm eingeschränkt, das heißt, die Gewaltanwendung wird in diesem bestimmten Fall erlaubt.
⁶ Vgl. § 910 BGB.
⁷ Wenn es einem Grundstück an der zur Bewirtschaftung notwendigen Verbindung zum öffentlichen Wegenetz mangelt, kann der Eigentümer vom Gericht verlangen, daß ihm ein Notweg über eine *fremde* Liegenschaft eingeräumt wird (§ 1 NotwegeG).
⁸ Vgl. statt vieler *Baur*, Sachenrecht⁶, S. 205, 206.
⁹ Vgl. § 904 BGB.

I. Zur normativen Struktur der Eigentumsbeschränkungen

Beeinträchtigung zu fordern, sondern er kann nur den Ersatz des dadurch zugefügten Schadens verlangen[10].

Nicht nur das Privatrecht kennt Eigentumsbeschränkungen dieser Art. Noch viel zahlreicher sind die Eigentumsbeschränkungen des öffentlichen Rechts. Man denke nur an die Eingriffe in das Eigentum im Fall von Hausdurchsuchungen, die bei Gefahr im Verzug sogar ohne richterlichen Befehl vorgenommen werden können (§ 141 StPO) oder an den § 40 Abs. 5 FernsprechO, dem gemäß der Fernsprechteilnehmer bei Tag jederzeit den besonders legitimierten Organen der Fernmeldebehörde den Zutritt zu den Teilnehmereinrichtungen gestatten muß. Als weiteres Beispiel mag § 16 BStrG dienen, dem gemäß der Eigentümer eines Grundstückes Vorarbeiten für den Straßenbau in gewissem Umfang nicht hindern kann. Die Beispiele ließen sich noch vermehren.

Nun können allerdings Eigentumsbeschränkungen nicht nur durch Erlaubnisnorm in Form von Gesetzen, Verordnungen und Bescheiden auferlegt werden. Auch rechtsgeschäftlich erzeugte Erlaubnisnormen vermögen die Ausschlußbefugnis in einem bestimmten Ausmaß zu beschränken. So kann z. B. der Eigentümer denjenigen nicht von der Benutzung der Sache ausschließen, dem er sie vermietet oder verpachtet hat. Der Eigentümer, auf dessen Grundstück ein Wegerecht lastet (§ 477 Z 1 ABGB), kann den Wegeberechtigten nicht hindern, seinen Weg in dem eingeräumten Ausmaß über das fremde Grundstück zu nehmen.

All diesen Eigentumsbeschränkungen ist als rechtsformales Strukturelement eigen, daß sie an den Eigentümer gerichtete Verhaltensnormen sind, die sich aus der Sicht des Berechtigten als Erlaubnisnormen darstellen, die als leges speciales den Geltungsbereich der allgemeinen, Beeinträchtigungen des dem Eigentümer zugeordneten sachlichen Bereiches untersagenden Rechtsnorm für einen bestimmten Bereich einschränken. Daß die Ausschlußbefugnis des Eigentümers dadurch nicht gänzlich aufgehoben wird, zeigt sich schon darin, daß der Eigentümer nach wie vor allen anderen Störern, denen der Eingriff durch die erlaubende lex specialis nicht gestattet ist, die Einwirkung untersagen kann.

2. Eigentumsbeschränkungen ohne Erlaubnisfunktion

Bei diesem zweiten Typ der Eigentumsbeschränkung handelt es sich um solche, die nicht das Ausschußrecht des Eigentümers beschränken, sondern seinen Befugnissen bezüglich der Sachnutzung Schranken auferlegen. Nun haben wir allerdings oben gezeigt, daß die Sachbeherrschung nicht zum normativen Gehalt des Eigentumsrechtes gehört. Den Grund

---

[10] Vgl. zur Schadenersatzproblematik bei Immissionen neuerdings *Rummel*, Ersatzansprüche bei summierten Immissionen (1969).

haben wir letztlich darin gesehen, daß die Sachherrschaft als Verhaltendürfen nichts anderes als der Freiheitsbereich des Eigentümers ist, in dem dessen Handlungen bezüglich seiner Sache erlaubt sind. Dieser Bereich, in dem die Vermutung der Freiheit des Eigentümers gilt[11], soweit nicht normative Anordnungen dagegenstehen, konnte als rechtlich Geschütztes nicht in den normativen Begriff des Eigentumsrechtes aufgenommen werden. Die Ausgrenzung dieses Freiheitsbereiches geschieht nun durch Eigentumsbeschränkungen dieses zweiten Typs. Sie grenzen — teleologisch gesehen — den sachlichen Bereich ab, innerhalb dem das Verhalten des Eigentümers als erlaubt, weil nicht verboten, gilt und der den Bereich des rechtlich Geschützten ausmacht.

Allerdings hindert das nicht, daß auch diese Eigentumsbeschränkungen normativ gedeutet werden können. Rechtsformal gesehen stellen sie an den Eigentümer gerichtete Verhaltensnormen dar.

Auch für diesen Typ der Eigentumsbeschränkung lassen sich eine Reihe von Beispielen finden. Öffentlich-rechtlicher Natur sind die Eigentumsbeschränkungen in den Bauordnungen hinsichtlich der vorgeschriebenen Bauweise. Man denke etwa an den Fall, daß ein Gebäude nach der Bauklasseneinteilung in einem bestimmten Gebiet eine gewisse Mindest- und Maximalhöhe haben muß[12]. Aber auch rechtsgeschäftlich erzeugte Verhaltensnormen, die die Sachnutzung des Eigentümers einschränken, kennt die Rechtsordnung. Man denke nur an den Fall, daß auf einem Grundstück die Gebäudedienstbarkeit lastet, dem herrschenden Grundstück die Aussicht nicht zu nehmen (§ 476 ABGB).

II. Zur Frage der Immanenz der Eigentumsbeschränkungen aus normativer und teleologischer Sicht

Fragt man von einem normativen Blickpunkt aus, ob diese beiden Typen von Eigentumsbeschränkungen dem Eigentumsrecht immanent sind, so muß die Frage verneint werden. Denn beide Arten von Eigentumsbeschränkungen stellen Verhaltensnormen dar, die entweder als Erlaubnisnorm das — oben als grundsätzlich absolut erkannte[1] — Ausschlußrecht einschränken oder den Bereich beschränken, in dem das Verhalten des Eigentümers mangels entgegenstehender Verhaltensnorm er-

---

[11] *Bucher*, Normsetzungsbefugnis, S. 167; *Meier-Hayoz*, Berner Kommentar IV[4], S. 102, 103.
Wenn von einer Vermutung der Freiheit des Eigentümers gesprochen wird, so heißt das nicht, daß hier eine Vermutung im technischen Sinn vorliegt, die wie andere gesetzliche Vermutungen (vgl. §§ 323, 328, 1298 ABGB) eine Beweislastumkehr zur Folge haben (vgl. dazu statt vieler *Holzhammer*, Österreichisches Zivilprozeßrecht [1970], S. 200). Damit ist nur das normlogische Prinzip, daß rechtlich erlaubt ist, was nicht verboten ist, zum Ausdruck gebracht.
[12] Vgl. etwa § 75 Wiener BauO LGBl. 11/1930 i. d. dzt. geltenden Fassung.
[1] Siehe unter X, 1, b; XI.

laubt ist. Aus dem das Verhalten des Eigentümers schützenden und deshalb zum normativen Begriffsmerkmal des Eigentumsrechts gehörenden Ausschlußrecht kann wohl kaum auf dessen Beschränkung geschlossen werden. Aber auch die Eigentumsbeschränkungen, die den Bereich, in dem die Vermutung der Freiheit des Eigentümers gilt, einschänken, können nicht aus diesem selbst erklärt werden, sondern nur aus den Verhaltensnormen, die „von außen" an den Bereich der Freiheit des Handelns herangetragen werden.

Aus teleologischer Sicht nimmt sich der betreffende Sachverhalt ganz anders aus. In dieser Betrachtungsweise erscheint die Beschränkbarkeit durch beide Arten von Eigentumsbeschränkungen als dem Eigentumsbegriff immanent. Denn die Frage, welcher sachliche Bereich in welchem Umfang im konkreten Fall geschützt ist, kann nur unter Berücksichtigung der eigentumsbeschränkenden Normen beantwortet werden. Erst die Summe dieser Normen macht den Bereich des rechtlich Geschützten aus, wobei es für eine teleologische Betrachtungsweise gleichgültig ist, ob mit der Eigentumsbeschränkung anderen Individuen ein sonst verbotenes Verhalten erlaubt wird oder der an den Eigentümer gerichteten Verhaltensnorm keine derartige Funktion zukommt. Teleologisch gesehen stellen sie eine inhaltliche Bestimmung des rechtlich geschützten Bereiches dar[2].

III. Zum Verhältnis von Eigentumsrecht und Eigentumsbeschränkung

Es ist grundsätzlich richtig, wenn *Strecker*[1] meint, daß dem Streit um die Einbeziehung der Eigentumsbeschränkung in den Eigentumsbegriff nur theoretische Bedeutung zukäme, zumal jedem Juristen klar ist, daß es eine Vielzahl von öffentlich-rechtlichen und privatrechtlichen Normen gibt, die das Eigentumsrecht beschränken. Jedoch fehlt es nicht an Stimmen, die aus der Aufnahme der Eigentumsbeschränkung in den Eigentumsbegriff durchaus praktische Konsequenzen ziehen. Als Beispiel dafür sei die Lehre von *Haab* herangezogen[2]. Für *Haab* ist das Eigentumsrecht „das umfassendste Herrschaftsrecht an einer Sache, mit dem sich die dem Eigentümer durch die Rechtsordnung auferlegte Pflichten ver-

---

[2] Deshalb ist *Sontis* (Strukturelle Betrachtungen zum Eigentumsbegriff, FS Larenz [1973], S. 981 ff.) aus teleologischer Sicht zuzustimmen, wenn er meint, daß dem Eigentumsbegriff die Eigentumsbeschränkungen immanent seien. Warum er aber dann vom gleichen Blickwinkel aus die beschränkten dinglichen Rechte nicht als dem Eigentum immanente Beschränkungen ansehen will, leuchtet nicht ein. Wenn an einer Sache begrenzte dingliche Rechte bestehen, grenzen sie wie gesetzliche Eigentumsbeschränkungen die Befugnisse des Eigentümers und den Schutzumfang des Eigentumsrechtes aus.
[1] *Strecker* in Planck/Strecker, Kommentar zum bürgerlichen Gesetzbuch III⁴, S. 259.
[2] *Haab*, Kommentar zum Schweizerischen Zivilgesetzbuch IV/1², S. 41 - 46.

binden, derart, daß die Eigentumsherrschaft nur soweit reicht, als sie mit den, dem Eigentümer obliegenden Pflichten vereinbar ist"³. Diese dem Eigentum immanenten Pflichten sind nach *Haab keine Eigentumsbeschränkungen*⁴. Als solche dürfe man nur die beschränkten dinglichen Rechte und die Vormerkungen, soweit sie eine Verfügungsbeschränkung enthalten, bezeichnen, „denn nur durch das beschränkte dingliche Recht wird die Macht des Eigentümers hinter die Grenze zurückgedrängt, die ihm die Rechtsordnung setzt". Die Konsequenzen dieser Lehre zeigen sich deutlich bei der Frage, wer die Beweislast für das Bestehen einer Eigentumsbeschränkung zu tragen hat. *Haab* geht davon aus, daß das Eigentum von Beschränkungen frei vermutet wird, so daß derjenige die Beweislast trägt, der ein das Eigentum beschränkendes Recht beansprucht. Allerdings kann dies nach seiner Lehre nur für die beschränkten dinglichen Rechte gelten, weil nur diese das Eigentumsrecht beschränken, da ja die „gesetzlichen Eigentumsbeschränkungen" die Grenzen sind, die das Eigentumsrecht begrifflich ausmachen. Folgerichtig träfe nach *Haabs* Ansicht — wozu er allerdings nicht ausdrücklich Stellung nimmt — bei gesetzlichen Eigentumsbeschränkungen den Eigentümer die Beweislast insofern, als er beweisen müßte, daß keine gesetzliche Eigentumsbeschränkung vorliege, d. h. er müßte beweisen, daß insoweit sein Eigentumsrecht besteht. Insofern stellten nämlich die gesetzlichen Eigentumsbeschränkungen keine Ausnahme mehr dar, die derjenige zu beweisen hätte, der sich darauf beruft⁵.

Indessen ist nicht nur die durch *Haabs* Ansicht nahegelegte Differenzierung der Beweislastverteilung abzulehnen, sondern es ist überhaupt problematisch, aus dem Verhältnis der Eigentumsbeschränkung zum Eigentumsrecht auf die Beweislastverteilung zu schließen⁶.

Dennoch liegt in *Haabs* Ansicht insoweit ein richtiger Kern, als für die Beweisfrage zwischen den gesetzlichen Eigentumsbeschränkungen und den beschränkten dinglichen Rechten zu unterscheiden ist. Allerdings nicht deshalb, weil erstere dem Eigentumsrecht immanent sind und letztere dem Eigentümer von außen auferlegt werden. Der Grund liegt vielmehr einzig und allein im prozessualen Bereich. Da nach dem Grundsatz „iura novit curia"⁷ bezüglich des inländischen Gesetzesrechts eine

---

³ *Haab*, Kommentar IV/1², Note 3b, S. 41, 42.
⁴ Was — worauf schon *Peter* (Wandlungen der Eigentumsordnung und der Eigentumslehre seit dem 19. Jahrhundert [1949], S. 11) hingewiesen hat — dem Wortlaut der Art. 680 und 702 ZGB widerspricht; wohl auch dem ABGB; vgl. Marginalie zu §§ 363 ff. ABGB.
⁵ *Planck/Strecker*, Kommentar zum bürgerlichen Gesetzbuch III/1⁴, S. 264.
⁶ So wohl *Meier-Hayoz*, Berner Kommentar IV⁴, S. 96 im Anschluß an *Eichler*, Institutionen des Sachenrechts I, S. 142, FN 16.
⁷ Vgl. dazu insb. *Broggini*, Die Maxime „iura novit curia" und das ausländische Recht, AcP 155 (1956), S. 469 ff.; *Kralik*, iura novit curia und das ausländische Recht, ZfRV 1962, S. 75 ff.

III. Zum Verhältnis von Eigentumsrecht und Eigentumsbeschränkung

amtliche Forschungspflicht besteht[8], hat das Gericht von Amts wegen das Bestehen eigentumsbeschränkender gesetzlicher Normen zu überprüfen, so daß die betreffende Partei das Bestehen der eigentumsbeschränkenden Norm nicht zu beweisen hat. Insofern besteht — zumindest bei den inländischen[9] gesetzlichen Eigentumsbeschränkungen — kein Anlaß, von einer Beweislastverteilung zu sprechen. Deshalb ist es auch verfehlt, wenn *Ruck*[10] und *Peter*[11] aus der Vermutung der Freiheit des Eigentümers[12] ableiten wollen, daß der, der eine gesetzliche Eigentumsbeschränkung geltend macht, bezüglich deren Existenz beweispflichtig ist[13].

Anders verhält es sich jedoch bei den rechtsgeschäftlichen Eigentumsbeschränkungen in Form beschränkter dinglicher oder obligatorischer Rechte. Für den Nachweis rechtsgeschäftlicher Normen besteht kein Amtswegigkeitsgrundsatz, da es grundsätzlich in der Disposition[14] der Parteien steht, sich im Verfahren darauf zu berufen. Ihnen obliegt es auch, Tatsachen vorzubringen, um deren Existenz nachzuweisen. Die Beweislast verteilt sich allerdings auch hier nach prozessualen Grundsätzen, d. h., der Kläger hat die Beweislast für die rechtsbegründenden Tatsachen und der Beklagte die Beweislast für die Einredetatsachen zu tragen[15]. Die rechtsgeschäftlich erzeugte Eigentumsbeschränkung kann nun sowohl rechtsbegründend als auch einredebegründend wirken. Begehrt der Eigentümer eines Grundstückes, daß jemand das tägliche Überqueren seines Grundstückes zu unterlassen hat und wendet der Beklagte im Prozeß das Bestehen einer Wegservitut ein, so hat der Beklagte Tatsachen vorzubringen, die die einredebegründende Existenz

---

[8] *Petschek/Stagel*, Der österreichische Zivilprozeß, S. 226; *Fasching*, Kommentar zu den Zivilprozeßgesetzen III, S. 273; *Holzhammer*, Österr. Zivilprozeßrecht, S. 193; *Rosenberg*, Lehrbuch des deutschen Zivilprozeßrechts⁹, S. 548; *Blomeyer*, Zivilprozeßrecht, S. 84.

[9] Vgl. § 271 ZPO.

[10] *Ruck*, Das Eigentum im Schweizerischen Verwaltungsrecht, FS Speiser, S. 27.

[11] *Peter*, Wandlungen, S. 105; so auch — ohne aber auf das Problem einzugehen — *Seufert* in Staudinger, BGB III/1¹¹, Vorbem. zu § 903 ff., Anm. 18.

[12] Daß aus dieser Freiheitsvermutung auch noch aus anderen Gründen keine Beweislastregel abgeleitet werden kann, wurde in 2. Teil, I, FN 11 dargelegt. Damit ist nur das normlogische Prinzip, daß rechtlich erlaubt, was nicht verboten ist, zum Ausdruck gebracht. Das hat *Gierke* (Deutsches Privatrecht III [1905], S. 420) — auf den sich *Peter* (Wandlungen, S. 105 FN 27) zu Unrecht beruft — klar erkannt, indem er die Vermutung der Freiheit des Eigentümers nur dann eingreifen läßt, wenn es „an einem positiven Satz des Gesetzes- oder Gewohnheitsrechtes fehlt".

[13] Auch der Versuch von *Planck/Strecker* (Kommentar zum bürgerlichen Gesetzbuch III/1⁴, Anm. 3a zu § 903) in § 903 BGB eine Beweislastregel für den Nachweis der Existenz eigentumsbeschränkender Normen zu sehen, kann deshalb nicht überzeugen.

[14] Soweit die Dispositionsfreiheit nicht durch die materielle Prozeßleitung des Gerichtes eingeschränkt ist.

[15] Vgl. statt vieler *Holzhammer*, Österreichisches Zivilprozeßrecht, S. 201.

86   2. Teil: Die Eigentumsbeschränkung aus rechtsformaler Sicht

seines beschränkten dinglichen Rechtes beweisen. Wenn andererseits der Wegeberechtigte vom Eigentümer klageweise verlangt, ihn nicht mehr am Überqueren seines Grundstückes zu hindern, weil eine Wegeservitut besteht, so muß der dinglich berechtigte Nichteigentümer Tatsachen vorbringen, die die Existenz des beschränkten dinglichen Rechts beweisen. Es zeigt sich also, daß derjenige, der ein das Eigentum beschränkendes rechtsgeschäftlich erzeugtes Recht beansprucht, dessen Existenz auch zu beweisen hat. Das ergibt sich schon aus beweisrechtlichen Grundsätzen[26], so daß zur Lösung dieser Frage gar nicht auf das Verhältnis von Eigentumsrecht und Eigentumsbeschränkung abgestellt werden muß. Wenn sich auch für die Beweislastverteilung aus dem Verhältnis von Eigentum und Eigentumsbeschränkung keine praktischen Konsequenzen ableiten lassen[17], so kommt der Frage nach der Immanenz der Eigentumsbeschränkung wirklich nur theoretische Bedeutung zu[18]. So wird denn auch gerade in letzter Zeit dieser Streit nur noch lustlos geführt und er soll deshalb auch hier nicht weiter verfolgt werden[19].

Immerhin hat die dieser Untersuchung zugrunde liegende Trennung von normativer und teleologischer Betrachtungsweise gezeigt, daß es nicht auf einem schrankenlosen Individualismus und Subjektivismus

---

[16] So schon *Schloßmann*, JhJb. 45, S. 321.
[17] Was immerhin die in FN 2, 10, 11 und 13 genannten Autoren annehmen.
[18] *Kühne*, Das Bodenrecht (1970), S. 68.
[19] Auf die Zitierung der älteren Literatur zu dieser Streitfrage muß hier verzichtet werden. Für die Immanenz der Eigentumsbeschränkungen treten in neuerer Zeit ein: Haab, Kommentar zum ZGB IV/1², S. 42 (Anm. 4), 45 (Anm. 18); *Seufert* in Staudinger, BGB III/1¹¹, Vorbem. zu § 903 Anm. 17 (Pflichten zu positivem Handeln seien dem Eigentum jedoch nicht immanent [Anm. 31 zu § 904]); *Klang* in Klang, Kommentar zum ABGB II², S. 131; *Wolff/Raiser*, Sachenrecht¹⁰, S. 174; *J. v. Gierke*, Sachenrecht⁴, S 70; *Baur*, Lehrbuch des Sachenrechts⁶, S. 1; *Sontis*, FS Larenz (1973), S. 981 ff.; dagegen sprechen sich aus: *Peter*, Wandlungen, S. 101, 102; *Liver*, GS Gschnitzer, S. 262; *Meier-Hayoz*, Berner Kommentar IV⁴, S. 94 - 95 (für die Immanenz der Eigentumsbeschränkungen aus Gründen größerer Anschaulichkeit des Begriffes *Meier-Hayoz*, FS Oftinger, S. 185, 186); *Westermann*, Sachenrecht⁵, S. 115; *Bucher*, Normsetzungsbefugnis, S. 166; *Gschnitzer*, Sachenrecht, S. 55 (allerdings für die Immanenz bei den sogen. Legalservituten, wobei er als immanente Eigentumsbeschränkungen solche bezeichnet, die nicht eigens auferlegt sind, sondern schon kraft Gesetzes gegeben sind; so gesehen wären allerdings nur die beschränkten dinglichen Rechte von außen auferlegte Eigentumsschranken (vgl. die auffallende Parallele zu Haabs Lehre bei FN 2). Dies steht jedoch im Widerspruch zu seiner eigenen Aussage über den geltenden Eigentumsbegriff (55): „Beschränkungen sind (sc. dem Eigentum) nicht immanent, d. h. liegen nicht im Begriff des Eigentums, sondern kommen von außen."
Von der älteren Literatur sei nur *Maschke*, Das Eigentum im Zivil- und Strafrecht (1895) erwähnt, der das Eigentum überhaupt von seiner Beschränkbarkeit her definiert (S. 183): „Eigentum ist dasjenige Recht an einer Sache, welches unbeschränkt sein kann." Daß diese inhaltslose Definition allerdings nicht weiterhilft, hat schon *Endemann*, Lehrbuch des bürgerlichen Rechts II⁷, S. 265 FN 11 erkannt.

III. Zum Verhältnis von Eigentumsrecht und Eigentumsbeschränkung

beruht, wenn das Eigentumsrecht als umfassendes, absolutes, unbeschränktes Ausschlußrecht definiert wird und die Eigentumsbeschränkungen als dem Eigentumsbegriff nicht immanent betrachtet werden. Es ist dies vielmehr einzig und allein die notwendige Folge eines bestimmten methodischen Vorgehens, nämlich einer normativen, rechtsformalen Betrachtungsweise. Das haben schon *Ihering*[20] und *Gierke*[21] verkannt, die — von hoher ethischer Überzeugung getragen — gegen den in der Pandektistik formulierten[22] individualistischen Begriff[23] des unbeschränkten Eigentums vehement aufgetreten sind[24].

Andererseits beruht es aber auch nicht auf einem nivellierenden Kollektivismus, der die Freiheit des einzelnen als zentrales Prinzip der Privatrechtsordnung leugnet, wenn gelehrt wird, daß die Beschränkungen des Eigentums dem Eigentumsbegriff immanent sind und erst die Pflichten zusammen mit den Rechten den von der Rechtsordnung bestimmten Inhalt des Eigentumsrechtes ausmachen. Vielmehr erscheinen die Eigentumsbeschränkungen dem Eigentumsrecht — teleologisch gesehen — immanent[25], da sie aus dieser Sicht die inhaltliche Bestimmung des rechtlich geschützten Bereiches darstellen[26].

---

[20] *Jhering*, Der Zweck im Recht I³, S. 519.
[21] *Gierke*, Der Entwurf eines bürgerlichen Gesetzbuches, S. 103, 323; *Gierke*, Die soziale Aufgabe des Privatrechts (Neudruck in: Deutsches Rechtsdenken, Heft 1 [1943], S. 14 - 18), der sogar die Enteignung als dem Eigentumsrecht immanent betrachtet.
[22] Vgl. statt vieler *Windscheid/Kipp*, Pandekten I⁹, S. 857, 858: „Das Eigentum ist als solches schrankenlos; es ist die Negation der Beschränkung."
[23] Dagegen auch — vom Boden des Marxismus — *Menger*, Das bürgerliche Recht und die besitzlosen Volksklassen (1908).
[24] Daß es methodische Gründe waren, die in der Pandektistik zur Bildung dieses individualistischen Eigentumsbegriffes geführt haben, hat schon *Peter*, Wandlungen, S. 112, 113 gesehen, indem er darauf verwies, daß die Pandektistik ihre Begriffe auf deduktivem Wege bildete, wobei aus der Begriffskette subjektives Recht — dingliches Recht das unbeschränkte Eigentumsrecht deduziert wurde. Freilich ist *Peters* Auffassung zu eng, wenn er meint, es sei eine unbewiesene Behauptung, daß der Begriff des unbeschränkten Eigentums auch von rechtspolitischen Wertungen beeinflußt wurde. So aber *Hedemann*, Fortschritte des Zivilrechts II/1 (1930), S. 108 ff., der im unbeschränkten Eigentumsbegriff eine Reaktion gegen den Feudalstaat des 18. Jh. sieht. Dem schließt sich auch *Molitor* (Zweckbindungen des Eigentums in FS Schultze [1934], S. 33, 34) an, der jedoch schon daneben auf die methodischen Gründe verweist (37, FN 2).
[25] Das ist auch der Grund, warum bei der unter XI. gegebenen normativen und teleologischen Eigentumsdefinition nur bei letzterer die Eigentumsbeschränkung in den Begriff aufgenommen wurde.
[26] Es darf allerdings nicht verkannt werden, daß insbesondere die deutsche Rechtslehre in den Jahren von 1934 bis 1943 diesen teleologischen Eigentumsbegriff durch die besondere Betonung des Pflichtigkeitsgedankens dazu benützt hat, um rechtspolitische Vorstellungen zu realisieren. Der Wandel der Rechtsordnung zur Pflichtordnung war allerdings nicht auf das Eigentumsrecht beschränkt. Vielmehr war die Pflichtgebundenheit, die das Wesen des neuen „dynamischen" Eigentumsbegriffes ausmachen sollte (*Wieacker*, Wandlungen der Eigentumsverfassung [1935], S. 10, 11, 42, 46, 61 - 64; *Wieacker*, Zum System des deutschen Vermögensrechts, S. 17; *Wieacker*, Zum Wandel

88   2. Teil: Die Eigentumsbeschränkung aus rechtsformaler Sicht

Ist einmal erkannt, daß die Kontroverse um die Immanenz der Eigentumsbeschränkung und damit um die Aufnahme der Eigentumsbeschränkung in den Eigentumsbegriff auf zwei verschiedenen und — wie oben[27] gezeigt wurde — sich ergänzenden methodischen Betrachtungsweisen beruht, dann wird auch deutlich, daß mit dem Abstellen auf einen rechtsformalen Eigentumsbegriff die Sozialbindung des Eigentums nicht verneint wird. Denn dadurch, daß normlogisch gesehen Beschränkungen des Eigentums begrifflich diesem nicht immanent sind, ist nicht gesagt, daß die positive Rechtsordnung nicht solche in mehr oder weniger großer Anzahl statuieren kann[28].

Wenn andererseits aus teleologischer Sicht die Eigentumsbeschränkungen dem Eigentumsrecht immanent erscheinen, so ergibt sich daraus nicht zwingend, daß damit jedes Eigentumsrecht unabhängig vom Eigentumsobjekt beschränkt sein muß. Nur dann, wenn die positive Rechtsordnung bezüglich des einen oder des anderen Rechtsobjektes Beschränkungen normiert, sind sie in teleologischer Sicht dem Eigentumsrecht immanent, weil sie erst in ihrer Gesamtheit den Bereich des rechtlich Geschützten ausmachen[29]. Ob überhaupt und wenn, in welchem Maß, Eigentumsbeschränkungen auferlegt werden, ist einzig und allein der positiven Rechtsordnung überlassen.

---

der Eigentumsverfassung, DJZ 1934, S. 1446 - 1451; H. *Lehmann*, Zur gesetzgeberischen Begriffsbestimmung des Eigentums, Zeitschrift der Akademie für deutsches Recht 5 [1938], S. 696, 697) nur die notwendige Konsequenz einer Rechtslehre, die für den Begriff des subjektiven Rechts einseitig auf dessen Pflichtigkeitscharakter abstellte (vgl. *Larenz*, Gemeinschaft und Rechtsstellung, Deutsche Rechtswissenschaft [1936], S. 41 - 39), der heute (Allgemeiner Teil[2], S. 157 FN 1) zu Recht von diesem Versuch abgerückt ist.

[27] Siehe oben unter X, 1, b (Ende).
[28] Das zeigen insbesondere auch die Lehren der Autoren, für die das Eigentumsrecht begrifflich ein unbeschränktes Herrschaftsrecht darstellt. Namentlich bei *Windscheid* (Windscheid/Kipp, Pandekten I[9], S. 857) wird deutlich, daß das Eigentumsrecht nur dem Begriff, nicht aber dem Inhalt nach unbeschränkt ist, wenn er sagt: „Das Eigentum ist als solches schrankenlos, aber es verträgt Beschränkungen."
Wenn *v. Randa*, der weithin als *der* Repräsentant eines individualistischen Eigentumsbegriffes angesehen wird, sagt (Eigentumsrecht I[2], S. 1), daß das Eigentum „die oberste, umfassendste, unmittelbare rechtliche Macht — die der Idee nach schrankenlose, jedoch durch das positive Recht mit Rücksicht auf das Gemeinwohl begrenzte, auch durch Privatrechte zeitlich einschränkbare Herrschaft über einen körperlichen Gegenstand" ist, so ist damit deutlich zum Ausdruck gebracht, daß auch mit der Annahme eines begrifflich schrankenlosen Eigentumsrechtes dessen Beschränkungen nicht geleugnet werden.
[29] Aus teleologischer Sicht ist es deshalb auch sachgerecht, Eigentumstypen nach dem Grad der Bindung der Eigentumsobjekte im öffentlichen Interesse zu unterscheiden (vgl. *Wieacker*, Privatrechtsgeschichte der Neuzeit[2] [1967], S. 550 - 553). Diese Erkenntnis hat auch zu einer systematischen Scheidung des Bodenrechts vom übrigen Sachenrecht geführt (vgl. dazu die groß angelegten Versuche von *Wieacker*, Bodenrecht [1938]; *Lange*, Boden, Ware, Geld I, II [1937]. Später noch *Pugliatti*, La proprietá del nuovo diritto [1954]; vgl. neuerdings auch *Kühne*, Bodenrecht, S. 81; dagegen allerdings *v. Hippel*, AcP 147,

S. 207 - 216; *Westermann,* Sachenrecht[5], S. 36. Dies sollte freilich nicht — wie bei *Wieacker* — zur Annahme einer *Wesens*verschiedenheit zwischen Grundstück und Fahrniseigentum führen (wie Wieacker *Schultze-von Lasaulx,* AcP 151, S. 454; *Rudolph,* Die Bindungen des Eigentums [1960], S. 8 - 10; dagegen allerdings *Wolff/Raiser,* Sachenrecht[10], S. 175, FN 16; *Westermann,* Sachenrecht[5], S. 115). Denn wenn auch der funktionale Gehalt der Eigentumsordnung durch die — je nach Art der Eigentumsrechte verschieden starke — Zunahme der Sozialbindung einer Wandlung unterworfen ist (vgl. dazu schon *Duguit,* Les transformations générales du droit privé depuis la Code Napoléon [1912], S. 5; *Hedemann,* Die Umwandlung des Eigentumsbegriffes, Recht und Wirtschaft [1922], S. 585 [588]; *Hedemann,* Funktionelle Wertung des Eigentums, SJZ 20 [1923/24], S. 270 - 274; *Hedemann,* Das bürgerliche Recht und die neue Zeit [1919], S. 15; *Cosack/Mitteis,* Lehrbuch des bürgerlichen Rechts II/1[8] [1924], S. 130; *Fehr,* Recht und Wirklichkeit [1928], S. 92 ff.; *Fehr,* Eigentumsbegriff und Unternehmen, ZSR 47 [1928], S. 1; *Dnistrjanskyi,* JhJb. 78, S. 115 - 124; *Dnistrjanskyi,* Zur Grundlegung des modernen Privatrechts, JhJb. 79 [1928/29], S. 1 ff. und JhJb. 80 [1930], S. 140; *Jenny,* Wandlungen des Eigentumsbegriffes, ZSR 51 [1932], S. 47; *Altrichter,* Wandlungen des Eigentumsbegriffes und neuere Ausgestaltung des Eigentumsrechtes [1930]; *Merk,* Das Eigentum im Wandel der Zeiten [1934]; *Mounier,* Vom kapitalistischen Eigentumsbegriff zum Eigentum des Menschen [1936]; *Eichler,* Wandlungen des Eigentumsbegriffes in der deutschen Rechtsauffassung und Gesetzgebung [1938]; *Stohler,* Neuere Wandlungen des Eigentums und der Eigentumskonzeption [1938]; *Peter,* Wandlungen der Eigentumsordnung und der Eigentumslehre seit dem 19. Jahrhundert [1949]; *Herold,* Das absolute Eigentum und sein Zerfall, in: Schweizerische Beiträge zum fünften internationalen Kongreß für Rechtsvergleichung [Brüssel 1958], S. 19 - 35; *Negro,* Das Eigentum [1963]; *Tautscher,* Der Wandel im Eigentumsrecht, FS Wilburg, S. 205 ff.; in neuerer Zeit vgl. *Pernthaler,* in: Ermacora/Klecatsky/Marcic, Hundert Jahre Verfassungsgerichtsbarkeit — Fünfzig Jahre Verfassungsgerichtshof in Österreich, S. 193 ff.; *Badura,* Eigentum im Verfassungsrecht, Verhandlungen des 49. DJT [1972], II/T, S. 382 ff.; aus marxistischer Sicht vgl. dazu *Römer,* Funktions- oder Formwandel des Eigentums, Demokratie und Recht, 1973, S. 48 ff.), bleibt doch das „Wie" des Schutzes eines bestimmten sachlichen Bereiches, also der rechtsformale Gehalt des Eigentumsrechtes, unverändert. Insofern ist *Peter* (Wandlungen, S. 110) zuzustimmen, daß die Wandlungen der Eigentumsordnung den Eigentumsbegriff als formale Kategorie nicht geändert haben. Vgl. dazu insb. auch *Liver,* Zürcher Kommentar zum Zivilgesetzbuch IV 2 a[2] (1951), Einleitung, Anm. 81 (S. 33).

Literaturverzeichnis

Adomeit, Klaus: Gestaltungsrechte, Rechtsgeschäfte, Ansprüche (1969).
— Rechtsquellenfragen im Arbeitsrecht (1969).
Aliprandis, Nikitas: Subjektives Recht und Unterwerfung, Rechtstheorie 1971, S. 129 ff.
Altrichter, Heinrich: Wandlungen des Eigentumsbegriffes und neuere Ausgestaltung des Eigentumsrechtes (1930).
Anderssen, Walter: Das subjektive Recht, GrünhutsZ 38 (1911), S. 603 ff.
Arndt, Ludwig: Pandekten[13] (1886).
Badura, Peter: Eigentum im Verfassungsrecht der Gegenwart, Schlußvortrag zum 49. DJT, Verhandlungen des 49. DJT (1972), II/T, 5 ff.
Bähr, Otto: Rechtsstaat (1864).
Bärmann, Johannes: Das Wohnungseigentum (1958).
Baur, Fritz: Lehrbuch des Sachenrechts[6] (1970).
Bekker, Ernst-Immanuel: System des heutigen Pandektenrechts I (1886).
Bernatzik, Edmund: Kritische Studien über den Begriff der juristischen Person und über die juristische Persönlichkeit der Behörden insbesondere, AöR 5 (1890), S. 169 ff.
Biedenkopf, Kurt: Über das Verhältnis wirtschaftlicher Macht zum Privatrecht, FS Böhm (1965), S. 113 ff.
Bierling, Rudolf-Ernst: Zur Kritik der juristischen Grundbegriffe II (Neudruck 1965 der Ausgabe Gotha 1877 - 1883).
— Juristische Prinzipienlehre I (Neudruck 1961 der Auflage 1894 - 1917).
Binding, Karl: Buchbesprechung Thon, Rechtsnorm und subjektives Recht, Krit. VierteljSchr. 21 (1879), S. 542.
— Handbuch des Strafrechts I (1885).
Blomeyer, Arwed: Zivilprozeßrecht, Erkenntnisverfahren (1963).
Böhm, Wolfgang: Zum Verhältnis von Rechtstheorie und Rechtsdogmatik, JZ 1970, S. 767 ff.
Bötticher, Eduard: Besinnung auf das Gestaltungsrecht und das Gestaltungsklagerecht, FS Dölle I (1963), S. 41 ff.
— Gestaltungsrecht und Unterwerfung im Privatrecht (1964).
— Einseitige Leistungsbestimmung im Arbeitsverhältnis, AuR 1967, S. 321 ff.
Bolze, Albert: Der Begriff der juristischen Person (1879).
Bondy, Otto: Der Besitzrechtssatz, JhJb. 77 (1927), S. 320 ff.
Broggini, Gerardo: Die Maxime „iura novit curia" und das ausländische Recht, AcP 155 (1956), S. 469 ff.
Bruns, Rudolf: Recht und Pflicht als Korrespondenzbegriffe des Privatrechts, FS Nipperdey (1965) I, 3 ff.
— „Funktionaler" und „instrumentaler" Gehalt der Gestaltungsrechte, ZZP 78 (1965), 264 ff.

Bucher, Eugen: Das subjektive Recht als Normsetzungsbefugnis (1965).
Burckhardt, Walter: Die Organisation der Rechtsgemeinschaft (1927).
— Methode und System des Rechts (1936).
— Einführung in die Rechtswissenschaft (1939).
Coing, Helmut: Zur Geschichte des Begriffes „subjektives Recht", Coing/Lawson/Grönförs, Das subjektive Recht und der Rechtsschutz der Persönlichkeit (1959).
— in Staudinger BGB I[11].
Cosack, Konrad / *Mitteis*, Heinrich: Lehrbuch des bürgerlichen Rechts II/1[8] (1924).
Crome, Karl: System des deutschen bürgerlichen Rechts III (1905).
Dabin, Jean: Le droit subjectiv (1952).
Darmstädter, Friedrich: Der Eigentumsbegriff des bürgerlichen Gesetzbuches, AcP 151 (1950/1951), S. 311 ff.
Dernburg, Heinrich: Pandekten I[5] (1896).
— Pandekten I[6] (1900).
— System des römischen Rechts I (8. Aufl. der Pandekten) (1911).
— Preußisches Landrecht I[4].
Dnistrjanskyi, Stanislaus: Dingliche und persönliche Rechte, JhJb. 78 (1927/28), S. 87 ff.
— Zur Grundlegung des modernen Privatrechts, JhJb. 79 (1928/29), S. 1 ff.; JhJb. 80 (1930), S. 140 ff.
Dölle, Hans: Theoretische Jurisprudenz in Nordamerika, GruchBeitr. 68 (1927), S. 492 ff.
— Juristische Entdeckungen, in: Verhandlungen zum 42. DJT, II (1959), B 1 ff.
Dürig, Günter: Das Eigentum als Menschenrecht, ZgesStW 1953, S. 326 ff.
Duguit, Leon: Traité de droit constitutionnel[2] (1921).
Dulckeit, Gerhard: Die Verdinglichung obligatorischer Rechte (1951).
Durkheim, Emile: De la division du travail social (1893).
Ehrenzweig, Armin: System des österreichischen allgemeinen Privatrechts, I/1[2] (1951); I/2[2] (1957), bearb. v. Adolf Ehrenzweig.
— System des österreichischen allgemeinen Privatrechts II[2] (1928).
Eichler, Hermann: Wandlungen des Eigentumsbegriffes in der deutschen Rechtsauffassung und Gesetzgebung (1938).
— Institutionen des Sachenrechts I (1954).
Endemann, Friedrich: Lehrbuch des bürgerlichen Rechts II[7] (1900).
Engisch, Karl: Einführung in das juristische Denken[4] (1968).
Enneccerus, Ludwig / *Nipperdey*, Hans-Carl: Allgemeiner Teil des bürgerlichen Rechts, 1. Halbb.[15] (1959), 2. Halbb.[15] (1960).
Esser, Josef: Einführung in die Grundbegriffe des Rechtes und Staates (1949).
Fabricius, Fritz: Zur Theorie des stückelosen Effektengiroverkehrs mit Wertrechten aus Staatsanleihen, AcP 162 (1963), S. 456 ff.
Fasching, Hans W.: Kommentar zu den Zivilprozeßgesetzen III (1966).
Fehr, Hans: Eigentumsbegriff und Unternehmen, ZSR 47 (1928), S. 1 ff.
— Recht und Wirklichkeit (1928).

Fuchs, Eugen: Das Wesen der Dinglichkeit (1878).
— Sachenrecht und Sache, LZ 1918, S. 351.
Germann, O. A.: Grundlagen der Rechtswissenschaft[2] (1968).
Gierke, Julius von: Buchbesprechung von Westermann, Sachenrecht, ZHR 115 (1952), S. 223 ff.
— Das Sachenrecht des bürgerlichen Rechts[4] (1959).
Gierke, Otto von: Der Entwurf eines bürgerlichen Gesetzbuches und das deutsche Recht (1889).
— Deutsches Privatrecht I (1895), III (1905).
— Die soziale Aufgabe des Privatrechtes, Neudruck in: Deutsches Rechtsdenken, Heft 1 (1943).
Girtanner, Wilhelm: Die Rechtsstellung der Sache und der Eigentumsbegriff in besonderer Rücksicht auf Sachgesamtheiten, Accession und Miteigentum, JhJb. 3 (1859), S. 58 ff.
Göppert, H.: Gesetze haben keine rückwirkende Kraft, JhJb. 22 (1884), S. 1 ff.
Grönförs, Kurt: Das subjektive Recht und der Persönlichkeitsschutz im skandinavischen Privatrecht, Coing/Lawson/Grönförs, Das subjektive Recht und der Rechtsschutz der Persönlichkeit (1959).
Gschnitzer, Franz: Sachenrecht (1968).
— Erbrecht (1964).
Haab, Hans: Zürcher Kommentar zum ZGB[2] IV, 1. Teil.
Hartmann, Gustav: Rechte an eigener Sache, JhJb. 17 (1879), S. 69 ff.
Heck, Philipp: Grundriß des Sachenrechts (1930).
Hedemann, Justus Wilhelm: Das bürgerliche Recht und die neue Zeit (1919).
— Schuldrecht (1920).
— Funktionelle Wertung des Eigentums, SJZ 20 (1923/24), S. 270 ff.
— Die Umwandlung des Eigentumsbegriffes, RuW 1922, S. 585 ff.
— Fortschritte des Zivilrechts II/1 (1930).
Hellwig, Konrad: Lehrbuch des deutschen Zivilprozeßrechts (1903).
— Anspruch und Klagerecht (1924).
Henkel, Heinrich: Einführung in die Rechtsphilosophie (1964).
Herold, Hans: Das absolute Eigentum und sein Zerfall, Schweizerische Beiträge zum fünften internationalen Kongreß für Rechtsvergleichung (1958), S. 19 ff.
Heymann, Ernst: Buchbespr. v. Eugen Fuchs, Grundbegriffe des Sachenrechts, JW 1917, S. 513 ff.
Hippel, Fritz von: Buchbesprechung von Wieacker, Bodenrecht und Lange, Boden, Ware, Geld, AcP 147 (1941), S. 207 ff.
Hislop, D. J.: The Hohfeldian System of Fundamental Legal Conception, ARSP 53, (1967), S. 53 ff.
Hölder, Eduard: Über objektives und subjektives Recht (1893).
Hofmann, F.: Dingliche und persönliche, absolute und relative Rechte, GZ 1870, S. 33 f., S. 37 f.
Hofmann, Paul: Subjektives Recht und Wirtschaftsordnung (1968).
Hohfeld, Wesley Newcombe: Fundamental legal conceptions as applied in judicial reasoning and other legal essays (1923).

Hold von Ferneck, Alexander: Die Rechtswidrigkeit I (1903).
Holzhammer, Richard: Österreichisches Zivilprozeßrecht (1970).
Huber, Eugen: System und Geschichte des schweizerischen Privatrechts III (1889).
Huber, Ulrich: Buchbespr. Bucher, Subjektives Recht als Normsetzungsbefugnis, Rechtstheorie 1971, Heft 2, S. 246 ff.
Hubmann, Heinrich: Das Persönlichkeitsrecht (1953).
Husserl, G.: Negatives Sollen im bürgerlichen Recht, Recht und Welt, S. 115 ff.
Jäggi, Peter: Fragen des privatrechtlichen Schutzes der Persönlichkeit, ZSR 79 (1960), S. 137 a ff.
Jhering, Rudolf: Passive Wirkung der Rechte, JhJb. 10 (1871), S. 387 ff.
— Der Zweck im Recht I³ (1893).
— Geist des Römischen Rechts I, (cit. nach 9. Aufl. 1953).
Jellinek, Georg: System der subjektiven öffentlichen Rechte² (1905).
Jenny, Franz: Wandlungen des Eigentumsbegriffes, ZSR 51 (1932), S. 23 ff.
Kant, Immanuel: Methaphysische Anfangsgründe der Rechtslehre (1797).
Kantorowicz, Hermann: Der Begriff des Rechts (1957).
Kasper, Franz: Das subjektive Recht — Begriffsbildung und Bedeutungsmehrheit (1967).
Kaufmann, Felix: Logik der Rechtswissenschaft (1922).
Kaufmann, Horst: Zur Geschichte des aktionsrechtlichen Denkens, JZ 1964, S. 482 ff.
Keller, Ludwig Friedrich von: Pandekten² (1866).
Kelsen, Hans: Hauptprobleme der Staatsrechtslehre² (1923).
— Allgemeine Staatslehre (1925).
— Reine Rechtslehre² (1960).
— Zum Begriff der Norm, FS Nipperdey (1965) I, S. 57 ff.
Klang, Heinrich: in Klang, Kommentar zum ABGB II² (1950).
Klug, Ulrich: Bemerkungen zur logischen Analyse einiger rechtstheoretischer Begriffe und Behauptungen, Logik und Logikkalkül, FS Britzelmeyer, S. 115 ff.
Kohler, Josef: Das Autorrecht, JhJb. 18 (1880), S. 129 ff.
— Recht und Prozeß, GrünhutsZ 14 (1886), S. 1 ff.
Koziol, Helmut: Buchbespr. Bucher, Das subjektive Recht als Normsetzungsbefugnis, JBl. 1966, S. 278 ff.
— Beeinträchtigung fremder Forderungsrechte (1967).
Krainz, Josef / *Pfaff*, Leo / *Ehrenzweig*, Armin: System des österreichischen allgemeinen Privatrechts I⁴ (1905), II⁴ (1907).
Kralik, Winfried: Iura novit curia und das ausländische Recht, ZfRV 1968, S. 75 ff.
Krzmar, Josef: Glossen zur neuesten Bearbeitung des Rechtes des allgemeinen bürgerlichen Gesetzbuches, ZBl. 50 (1932), S. 81 ff.
Kronstein, Heinrich: Buchbesprechung von Westermann, Sachenrecht, FamRZ 1959, S. 171 ff.
Kruse, Vinding: Das Eigentumsrecht I (1931), II (1935).

Kühne, Eberhard: Versprechen und Gegenstand, AcP 140 (1934), S. 1 ff.
Kühne, Josef: Das Bodenrecht, die wirtschaftliche und gesellschaftliche Bedeutung des Bodens (1970).
Kummer, Max: Anwendungsbereich und Schutzgut der privatrechtlichen Rechtssätze gegen unlauteren und freiheitsbeschränkenden Wettbewerb (1960).
Laband, Paul: Das Staatsrecht des Deutschen Reiches I[4] (1908).
Lange, Heinrich: Boden, Ware, Geld, I, II (1937).
Larenz, Karl: Gemeinschaft und Rechtsstellung, Deutsche Rechtswissenschaft (1936), S. 31 ff.
— Allgemeiner Teil des deutschen bürgerlichen Rechts[2] (1972).
— Methodenlehre und Rechtswissenschaft[2] (1969).
Lasson, Adolf: System der Rechtsphilosophie (1882).
Lawson: Rights and other relations in rem, FS f. Martin Wolff (1952), S. 103 ff.
Lehmann, Heinrich: Zur gesetzgeberischen Begriffsbestimmung des Eigentums, Zeitschrift der Akademie für deutsches Recht 5 (1938), S. 696 f.
Lehmann, Heinrich / *Hübner,* Heinz: Allgemeiner Teil des Bürgerlichen Gesetzbuches[16] (1966).
Lenel, Otto: Ursprung und Wirkung der Exceptionen (1876).
Lenz, Gustav: Das Recht des Besitzes und seine Grundlagen (1860).
Liver, Peter: Gesetzliche Eigentumsbeschränkungen und Dienstbarkeiten in der Gesetzgebung und Lehre Frankreichs, Deutschlands, der Schweiz und Italiens, in FS Gutzwiller, Jus et lex, S. 749 ff.
— Zürcher Kommentar zum ZGB IV, 2 a[2], Die Grunddienstbarkeiten (1968).
— Eigentumsbegriff und Eigentumsordnung, GS Gschnitzer (1969), S. 247 ff.
Löning, George A.: Die Grundstücksmiete als dingliches Recht (1930).
Lunsted, Anders Vilhelm: Die Unwissenschaftlichkeit der Rechtswissenschaft I (1932).
Maschke, Richard: Das Eigentum im Zivil- und Strafrecht (1895).
Mayer-Maly, Theo: Zur arbeitsrechtlichen Bedeutung der Lehre vom Gestaltungsrecht, RdA 1965, S. 361 ff.
— Buchbespr. v. Adomeit, Gestaltungsrechte, Rechtsgeschäfte, Ansprüche, Rechtstheorie 1970, S. 238 ff.
Meier-Hayoz, Arthur: Berner Kommentar zum schweizerischen Privatrecht, IV[4], 1. Abt.
— Vom Wesen des Eigentums, FS Oftinger (1969), S. 171 ff.
Menger, Anton: Das bürgerliche Recht und die besitzlosen Volksklassen (1908).
Merk, Walther: Das Eigentum im Wandel der Zeiten (1930).
Merkel, A.: Juristische Encyklopädie[3] (1904).
Migsch, Erwin: Einige Gedanken zum Weisungsrecht des Arbeitgebers ZAS 1970, S. 83 ff.
Molitor, Erich: Zweckbindungen des Eigentums, FS Schultze (1934), S. 33 ff.
Moritz, Alfred: Über Hohfelds System der juridischen Grundbegriffe (1960).
Mormann, J.: in Soergel/Siebert, Bürgerliches Gesetzbuch I[10] (1967).
Mounier, Emmanuel: Vom kapitalistischen Eigentumsbegriff zum Eigentum des Menschen (1936).

Nawiasky, Hans: Forderungs- und Gewaltsverhältnis, FS Zitelmann (1913), S. 1 ff.
— Österreichisches und Deutsches Postrecht (1909).
— Rechtsfragen des wirtschaftlichen Neuaufbaues (1935).
— Allgemeine Rechtslehre² (1948).
Negro, Franco: Das Eigentum (1963).
Oertelt, Rolf: Der Begriff des subjektiven Rechts und seine Negierungen (1956).
Oertmann, Paul: Der Dinglichkeitsbegriff, JhJb. 31 (1892), S. 415 ff.
— Zur Struktur der subjektiven Privatrechte, AcP 123 (1925), S. 129 ff.
Ofner, Julius: Der Urentwurf und die Beratungsprotokolle des ABGB I, II (1889).
Olivecrona, Karl: Gesetz und Staat (1940).
Pagenstecher, E.: Die römische Lehre vom Eigentum (1857).
Pernthaler, Peter: Der Wandel des Eigentumsbegriffes im technischen Zeitalter, in: Ermacora - Klecatsky - Marcic, Hundert Jahre Verfassungsgerichtsbarkeit — Fünfzig Jahre Verfassungsgerichtshof in Österreich (1968), S. 193 ff.
Peter, Hans: Wandlungen der Eigentumsordnung und der Eigentumslehre seit dem 19. Jh. (1949).
Pfersche, Emil: Österreichisches Sachenrecht I (1893).
Pflüger, H. H.: Über das Wesen der Dinglichkeit, AcP 79 (1892), S. 406 ff.
— Über die rechtliche Natur der Reallasten, AcP 81 (1893), S. 292 ff.
— Die Vollstreckungspfändung als Prüfstein der Dinglichkeit, AcP 83 (1894), S. 352 ff.
Pieper, Helmut: Buchbespr. zu Bucher, Das subjektive Recht als Normsetzungsbefugnis, AcP 168 (1968), S. 532 ff.
Puchta, Georg Friedrich / *Rudorff*, Adolph August: Pandekten[10] (1866).
Prager, André: Eigentum und Staatsgebiet, ZöffR 14 (1934), S. 611 ff.
Pugliatti, Salvatore: La proprietá del nuovo diritto (1954).
Puntschart, Paul: Das Inwärts-Eigen im österreichischen Dienstrecht des Mittelalters, SZ (germ. Abt.) 43 (1922), S. 66 ff.
Raape, Leo: Aneignungsüberlassung, JhJb. 74 (1924), S. 179 ff.
Radbruch, Gustav: Vorschule und Rechtsphilosophie (1947).
— Rechtsphilosophie⁶ (1963).
Raiser, Ludwig: Eigentum, in: Schlegelberger, Rechtsvergleichendes Handwörterbuch II (1929), S. 772 ff.
— Bespr. von Westermann, Sachenrecht², JR 1955, S. 118 f.
— Der Stand der Lehre vom subjektiven Recht im Deutschen Zivilrecht, JZ 1961, S. 465 ff.
— Das Eigentum als Rechtsbegriff in den Rechten West- und Osteuropas, RabelsZ 26 (1961), S. 230.
Raiser, Ludwig: Rechtsschutz und Institutionenschutz, in Summum ius summa iniuria (1963), S. 145 ff.
Randa, Anton: Das Eigentumsrecht I² (1893).
Regelsberger, Ferdinand: Pandekten I (1893).
Ringhofer, Kurt: Strukturprobleme des Rechts (1966).

Römer, Peter: Funktions- und Formwandel des Eigentums, Demokratie und Recht, 1973, S. 48 ff.
Roguin, Ernst: Science juridique pure I (1923).
Rosenberg, Leo: Lehrbuch des deutschen Zivilprozeßrechts[9] (1961).
Ross, Alf: Tû - Tû, Scandinavian Studies in Law I (1957), S. 137 ff.
Ruck, Erwin: Das Eigentum im Schweizerischen Verwaltungsrecht, FS Speiser (1926), S. 27 ff.
Rudolph, Kurt: Die Bindungen des Eigentums (1960).
Rümelin, G.: Obligation und Haftung, AcP 68 (1885), S. 151 ff.
Savigny, Friedrich Carl von: System des heutigen Römischen Rechts I (1840).
Schey, Josef v.: Über Rechtsverwandlungen, GrünhutsZ 7, S. 746 ff.; 8, S. 112 ff.
Schloßmann, Siegmund: Der Vertrag (1876).
— Über den Begriff des Eigentums, JhJb. 45 (1903), S. 289 ff.
Schluep, Walter: Das Markenrecht als subjektives Recht (1964).
Schmidt-Rimpler, Walter: Eigentum und Dienstbarkeit (1911).
Schultze-von *Lasaulx*, H.: Bespr. von Westermann, Lehrbuch des Sachenrechts, AcP 151 (1950/1951), S. 449 ff.
Schuppe, Wilhelm: Der Begriff des subjektiven Rechts (1887).
Schuster, Michael: Über dinglich-persönliche Sachenrechte. Zeitschrift für österr. Rechtsgelehrsamkeit und polit. Gesetzeskunde 1. Jhg. (1832) I, S. 1 ff.
Schwarz, Gustav: Rechtssubjekt und Rechtszweck. ArchBürgerlR 32 (1908), S. 12 ff.
— Rechtssubjekt und Rechtsobjekt, ArchBürgerlR 35 (1910), S. 10 ff.
Schwiedland, —: Das Eigentum (1918).
Schwind, Ernst Frh. von: Die Reallastenfrage, JhJb. 33 (1894), S. 1 ff.
Seckel, Erich: Die Gestaltungsrechte des bürgerlichen Rechts (Neudruck 1954).
Seufert, Günther: in Staudingers Kommentar zum BGB III/1[11].
Seuffert, Lothar: Recht, Klage, Zwangsvollstreckung, GrünhutsZ 12 (1885), S. 617 ff.
Siber, Heinrich: Zur Theorie von Schuld und Haftung nach Reichsrecht, JhJb. 50 (1906), S. 55 ff.
Söllner, Alfred: Einseitige Leistungsbestimmung im Arbeitsverhältnis (1966).
— Buchbespr. zu Adomeit, Gestaltungsrechte, Rechtsgeschäfte, Ansprüche, AcP 170 (1970), S. 76 ff.
Sohm, Rudolf: Die subjektiven Rechte im deutschen BGB, JhJb. 73 (1923), S. 268 ff.
Somlo, Felix: Juristische Grundlehre[2] (1927).
Sontis, Johannes M.: Strukturelle Betrachtungen zum Eigentumsbegriff, FS Larenz (1973), S. 981 ff.
Staub, Hermann: Die juristische Konstruktion der dinglichen Rechte ArchBürgerlR 5 (1891), S. 12 ff.
Stobbe, Otto / *Lehmann*, H.: Deutsches Privatrecht II (1883).
Stohler, Martin: Neuere Wandlungen des Eigentums und der Eigentumskonzeption (1938).
Stone, Julius: Legal System and Lawyers Reasoning (1964).

Strecker, O.: in Planck-Strecker, Kommentar zum Bürgerlichen Gesetzbuch III/1[4].
Tautscher, Anton: Der Wandel im Eigentumsrecht, FS Wilburg (1965), S. 205 ff.
Thibaut, Anton Friedrich Justus: System des Pandektenrechts II[8] (1834).
Thon, August: Rechtsnorm und subjektives Recht (1878).
Tobler, Emil Thomas: Die dinglichen Rechte des ZGB (1953).
Troller, Alois: Immaterialgüterrecht II (1962).
Tuhr, Andreas von: Der Allgemeine Teil des Deutschen Bürgerlichen Rechts I (1910).
Tuor, Peter / *Schnyder*, Bernhard: Das Schweizerische Zivilgesetzbuch[8] (1968).
Unger, Josef: System des österreichischen allgemeinen Privatrechts I[4] (1876); II[4] (1876).
Vangerow, Karl Adolph von: Lehrbuch der Pandekten I[7] (1863).
Wendt, Otto: Rechtssatz und Dogma, JhJb. 29 (1960), S. 29 ff.
Westermann, Harry: Sachenrecht[5] (1966).
Wieacker, Franz: Zum Wandel der Eigentumsverfassung, DJZ 1934, S. 1446 ff.
— Wandlungen und Eigentumsverfassung (1935).
— Bodenrecht (1938).
— Zum System des deutschen Vermögensrechts (1941).
— Die Forderung als Mittel und Gegenstand der Vermögenszuordnung, Deutsche Rechtswissenschaft VI (1941), S. 49 ff.
— Sachbegriff, Sacheinheit, Sachzuordnung, AcP 148 (1943), S. 57 ff.
— Privatrechtsgeschichte der Neuzeit[2] (1967).
— Bespr. v. Larenz, Allgemeiner Teil des bürgerlichen Rechts, AcP 168 (1968), S. 522 ff.
Wielikowski, G. A.: Die Neukantianer in der Rechtsphilosophie (1914).
Windscheid, Bernhard / *Kipp*, Theodor: Lehrbuch des Pandektenrechts I[9] (1906).
Wirth, —: Beiträge zur Systematik des römischen Zivilrechts (1896).
Wolff, Martin / *Raiser*, Ludwig: Sachenrecht[10] (1957).
Zeiller, Franz von: Commentar über das allgemeine bürgerliche Gesetzbuch I, III (1812).
Zitelmann, Ernst: Begriff und Wesen der sogenannten juristischen Person (1873).
— Irrtum und Rechtsgeschäft (1897).
— Internationales Privatrecht I (1897).
Zitting, —: An attempt to analise the owners legal position. Scandinavian Studies in Law 1959, S. 227 ff.

Printed by Libri Plureos GmbH
in Hamburg, Germany